SHODENSHA
SHINSHO

「お金」で読む日本史

本郷和人／監修
BSフジ「この歴史、おいくら?」制作班／編

JN110560

祥伝社新書

はじめに

私が青年であった頃は、「お金のことを云々《うんぬん》するのは恥ずかしい」という風潮が明らかにあった。男なら、なすべきことをきちっと完遂せよ。お金はあとからついてくる。新しい仕事を依頼された時に「ギャラはいかほど?」などと尋ねるのは、はしたない行為である――というように。

しかし最近の学生を見ていると、大きく感覚が転換しているようだ。「お金を稼ぐ=すばらしい」という図式がすっかり定着している。どんな仕事をしても、それ自体は目的でなく、高額のお金を稼ぐ手段である。良い大学を出るのも、一流の会社に勤めるのも、はたまた独立するのも、結局は大金を獲得するためであるかのようだ。

アメリカの事情などを見ていると、日本の若い世代はグローバルスタンダードというか、アメリカに引っ張られるようにして、意識を変えているように思える。それに、そもそも生きていくのにお金は必要なのだから、「お金を稼ぐ=すばらしい」はちっともおかしな図式ではない。むしろ、お金の話をなるべく口にしないように努めていたかつてのほうが、どうしてそうだったのか？　と疑問に思える。

日本は一神教の国ではないので、「神が倹約を説き給《たも》うた」というようなことはあたるまい。とすると、カギは江戸幕府にあるのではないか。よく知られていることだが、江戸幕府は政治力と経済力を分離した。政治の中枢には譜代大名《ふだいだいみょう》（三河《みかわ》以来の徳川家の家臣などで大名に取り立てられた者）しか参画できないが、石高《こくだか》は少ない。徳川家康《とくがわいえやす》の第一のブレーン本多正信《ほんだまさのぶ》の所領は2万2000石とも1万石とも伝わる。いっぽう外様大名《とざま》（関ヶ原《せきがはら》の戦い前後に徳川家に臣従した大名）は、領地は広大だが政治には口を出せない。政治権力を持てないのだ。

こうした政治力と経済力の分離は明治以降も維持され、今も「官《かん》」たる国家公務員の給与は、掌握する権力に比して驚くほど低い水準に止《とど》まる。いっぽうで、資産を有する「民《みん》」のリーダーは、ダイレクトには国政に関与できない。その歪《ひず》みが「天下り」やら「汚職」の横行となったのだろうし、お金に根拠を有する反知性主義の台頭は伝統的な学問世界を破壊しようとしている。

こうした状況を眼前にしてことさら何か言うとすると、月並みになるが「バランスが大切」に尽きる。いかなる偉業も財力なしには達成できない。お金に使われるのではなく、お金を使いこなす術《すべ》を体得する。それが、お金を獲得するための競争の世界を生きていく、これからの私たちの課題になるのではないか。

本書は、お金を有効に使いこなすヒントを日本史に求めたものである。歴史の偉人たちは業績を残す陰《かげ》で、資金集めにも奔走していた。その様子を描き出しながら、歴史の変革の意味と、人間の強靭《きょうじん》な意志のありように注目してみたい。

本書は、テレビ番組「この歴史、おいくら?」をベースにしている。私も参加させていただいているのだが、台本を書く龍田《たつた》力《ちから》さんをはじめ、この番組を制作するスタッフは実に熱心にひたむきに歴史に向き合っている。その熱を伝えたくて、上梓した。楽しんでいただければ幸いである。

二〇二二年六月

本郷和人

目次

はじめに　3

第一章
武家の棟梁・源頼朝の収入

鎌倉時代最大のミステリー　14
大仏の建造費　15
鎌倉時代初期の商品売買　17
源氏の棟梁の収入　18
北条政子が買った夢の価格　22
頼朝の軍勢は何メートル？　26
要塞都市・鎌倉　29
頼朝に贈られた出産祝いの総額　32
鎌倉幕府の成立年はいつ？　36
静御前への褒美　38
頼朝の年収　41

朝廷への口利き料 45
頼朝の死の謎 48
頼朝一周忌のお布施はいくら? 50
承久の乱を勝利に導いた演説 54
御家人の収入 56

第二章 武田信玄の軍資金

戦国時代はいつから? 60
信玄の収入 61
少年期の逸話 63
クーデター 65
山本勘助のスカウト料 67
褒美の相場 69
信玄が整えた貨幣制度 71
堤防料と信玄堤 74
上杉謙信の副収入 76
火縄銃の価格 78

勝利祈願の寄進料 79
石高と兵力の関係 81
織田信長の経済力 85
葬儀の規模をお金で読み解く 88
墓所の謎 90

第三章

『忠臣蔵』、討ち入りの金勘定

赤穂事件 94
二人の経済力を比較 95
「この間の遺恨」を推理する 98
付け届けの相場 101
早駕籠の価格 105
即日切腹の顚末 108
赤穂藩の清算 110
討ち入りの軍資金（収入） 113
討ち入りの費用（支出） 115
いざ討ち入り 118

新証言を発掘 121
大石内蔵助が残した会計帳簿 123

第四章

米将軍・徳川吉宗と貨幣経済

運命の悪戯 126
藩財政は〝火の車〟 129
紀州藩の財政再建 130
異例な将軍就任 133
幕府の財政再建 135
江戸の暮らし① 安くなった夜の灯り 138
江戸の暮らし② 内食のメニュー 139
江戸の暮らし③ 外食の相場 144
吉宗の朝食は二〇〇円以下！ 146
町奉行の給与 147
町火消の給与 149
小石川養生所の運営費 151
金銀相場の乱高下 155

米価安の物価高 158
「吉宗財政」を検証する 160

第五章 河井継之助が買ったガトリング砲

逃げる農民 164
雄藩の財政再建策 165
長岡藩の財政窮乏 167
負けず嫌いな合理主義者 170
黒船来航を知っていた人たち 172
抜擢と挫折 176
継之助の先見性 178
劇的な財政改善 179
兵制改革と学制改革 182
各藩の軍備増強 184
対外貿易でもっとも売れたもの 188
ガトリング砲の価格 189
三〇分で決した運命 192

北越戦争 195
死してなお 198

第六章 勝海舟と明治維新のスポンサー

旗本株の価格 202
ピンキリだった軍艦の価格 205
西郷隆盛との出会い 208
徳川慶喜に詰め寄る 209
明治維新のスポンサー 212
焦土作戦 215
膨大な藩債の行方 217
郵便は安く、鉄道は高い!? 221
西南戦争の経済的意義 223
二人の名誉回復 227

参考文献 230

使用単位ほか

●長さ

1疋＝157.56㎝
＝2段《たん》（端、反）
＝4段《きた》（常）
＝5丈2尺

1丈＝3.03m
＝10尺
＝100寸
＝1000分
＝10000厘

●面積

1町＝9910㎡
＝10段（反）
＝3600歩

●重さ

1貫＝3.75㎏
＝100両
＝1000匁
＝10000分

1分＝375㎎
＝10厘
＝100毛

●容積

1石＝150㎏（米）
＝180.39ℓ（油など）
＝10斗
＝100升
＝1000合
＝10000勺

米1俵＝4斗

●お金

金1両＝4分
＝16朱
＝4000文
＝銀60匁

●『延喜式』禄物価法（畿内）

絹（絁）	1疋＝	稲30束
糸	1絇＝	6束
綿	1屯＝	3束
調布（布）	1端＝	15束
庸布	1段＝	9束
鍬	1口＝	3束
鉄	1廷＝	5束

※『度量衡の事典』（阿部猛著）、『日本国語大辞典』（小学館編）等より

第一章

武家の棟梁・源頼朝の収入

鎌倉時代最大のミステリー

武士の時代を開いた鎌倉殿《かまくらどの》、源　頼朝《みなもとのよりとも》。その頼朝と妻の北条政子《ほうじょうまさこ》にまつわるお金の話を始める前に、鎌倉時代最大のミステリーについてお話ししましょう。

それは、国宝の銅造阿弥陀如来坐像《どうぞうあみだにょらいざぞう》（鎌倉の大仏）の成り立ちです。残された史料や大仏表面の痕跡から、完成時には全身に金箔《きんぱく》が貼られていたことや、今のような露座《ろざ》ではなく大仏殿があり、それが台風や津波などで流されたことなどはわかっていますが、いつ誰が何のために建立《こんりゅう》したかがわかっていないのです。

鎌倉幕府編纂《へんさん》の歴史書『吾妻鏡《あずまかがみ》』から、建長《けんちょう》四（一二五二）年頃に建立が開始されたというのが定説になっていますが、それより前の年代を示す史料も残されており、はっきりしたことは不明です。

誰がつくったかについても、詳しくはわかっていません。『吾妻鏡』には、僧侶の浄光《じょうこう》が勧進《かんじん》（社寺や仏像の建立などのために寄付を募ること）を行なったとされていますが、この浄光がどのような人物なのか、わかっていないのです。これほどの建造物が一人の僧侶の力でつくられるとは考えづらく、それを手助けする幕府の役人がいたのでしょうが、詳細はやはり不明です。

多くの研究者がさまざまな説を唱えていますが、私の説を紹介しましょう。鎌倉時代前期、幕府の要職を務めた一人に北条重時《しげとき》がいます。鎌倉幕府の第二代執権《しっけん》・義時《よしとき》の三男で、第六代執権・長時《ながとき》の父親にあたる人物です。晩年は鎌倉の極楽寺《ごくらくじ》で過ごしたため、「極楽寺殿」などと呼ばれました。

重時は武士としてはじめて民政を行なった人物です。それまでの武士と言えば、自らの土地を守るために戦う人たちでした。いわゆる「一所懸命」です。ところが重時は、自分たちが治める土地に暮らす民《たみ》について考えました。これは、以後の武士が政治を執り行なう意識転換となる、画期的なことでした。そのような重時が民の安寧《あんねい》を願って大仏を建立したと、私は考えています。

大仏の建造費

近年の研究で、大仏に使われた金属（主に銅）は、中国から輸入した渡来銭《とらいせん》である宋銭《そうせん》を溶《と》かしたものとされています。大仏と宋銭の金属組成がきわめて似ていることがわかったのです。では、どれだけあれば大仏をつくることができるのでしょうか。

昭和三六（一九六二）年、大仏の大規模な調査・修理が行なわれました。その時、ジャッキを使って大仏を持ち上げ、重量の測定をしました。その重さ、何と一二一トン。現存する宋銭は一枚二～四グラムですから、二グラムなら六〇五〇万枚になります。宋銭一枚＝一文《もん》ですから、六〇五〇万文です。これは現在の価値でいくらになるのでしょうか。

朝廷の儀式や故実《こじつ》をまとめた源高明《たかあきら》撰述『西宮記《さいぐうき》』などから、米の価格をベースに考えてみましょう。朝廷は、米の価格を一石《こく》＝一貫文《かんもん》（一〇〇〇文）で安定させようと動いていました。いっぽう、現代の米一〇キログラムの価格は三〇〇〇～一万円ほどと大きな開きがあります。米の生産技術が進んだ現代よりも中世のほうが価値は高いと考え、中央値の六五〇〇円を採用します。米一合《ごう》は約一五〇グラムですから、一石は一五〇キログラム。一〇キログラム＝六五〇〇円とすると、一石で九万七五〇〇円となります。

わかりやすくするために、一石（一〇〇〇文）＝一〇万円とすると、一文＝一〇〇円になります。これを大仏にあてはめると、使われた宋銭の金額は、現在の六〇億五〇〇〇万円に相当します。六〇億五〇〇〇万円分の一〇〇円硬貨を集めて溶かしたと考えるとイメージしやすいかもしれません。

もちろん、中国から入ってくる宋銭には、流通には適さない不良銭や悪銭も多かったため、これを利用したとも考えられますが、それだけの「お金」が必要だったわけです。

鎌倉時代初期の商品売買

日本で最初の貨幣は七世紀後半につくられた富本銭《ふほんせん》と言われています。その後、和銅《わどう》元（七〇八）年に和同開弥《わどうかいちん(ほう)》を発行し、全国的な流通を目指したとされますが、行政組織が未成熟でしたから、うまくいったとは考えにくいです。

和銅四（七一一）年、朝廷は貨幣を普及させるため、これを蓄《たくわ》えた人に位階《いかい》（位《くらい》）を与える蓄銭叙位令《ちくせんじょいれい》を施行しますが、貯める人が増えたことでかえって流通が滞《とどこお》り、失敗に終わります。

和同開弥以降、一〇世紀半ばにかけて日本の朝廷は一二種類の貨幣（皇朝十二銭《こうちょうじゅうにせん》）をつくっています。しかし、時代が進むにつれて銅の採掘量が減ったため、つくられる貨幣はどんどん粗悪なものとなっていきました。人々の信頼も失い、天徳《てんとく》二（九五八）年に発行された乾元大宝《かんげんたいほう》を最後に、朝廷は発行を中止します。

鎌倉時代は貨幣経済が根づいたと言えるのですが、頼朝の頃は宋銭などが大量に入って人々が貨幣を使い始めるまでの狭間《はざま》の時期でした。ですから、物々交換が主流です。とはいえ、物と物を交換する原始的なものではなく、日持ちがして、価値の下がりにくいものを貨幣のように使用していました。その代表的なものが米《こめ》、絹《きぬ》、絁《あしぎぬ》（太い糸で織った粗い絹）などです。

『吾妻鏡』にも、多くの物のやりとりが記されていますし、当時の商取引を記した史料は日本全国に残されています。それらの史料をもとに、鎌倉時代初期のお金の流れを現代に置き換えていきます。

源氏の棟梁の収入

頼朝の父は、源氏の棟梁《とうりょう》である源義朝《よしとも》です。義朝は京都で生まれましたが、少年期を上総《かずさ》国（現千葉県中央部）で過ごし、「上総御曹司《かずさのおんぞうし》」とも呼ばれました。

今でも、名家・名門の子息を「御曹司」と呼ぶことがありますが、歴史上の狭義では源氏嫡流《ちゃくりゅう》の子息を指します。「曹司《ぞうし》」とは、宮中や官司《かんし》（役所）に設けられた部屋などを意味し、そこから親の邸宅内に住んでいる貴人の子弟を「曹司」「曹司住《ぞうしずみ》」、位《くらい》の高い家柄の子弟を「御曹司」と呼ぶようになりました。ちなみに、平氏の子弟・子女は「公達《きんだち》」と呼ばれました。こちらは摂関家《せっかんけ》や清華家《せいがけ》など高位の公家の子弟を指す言葉ですが、平《たいらの》清盛《きよもり》が太政大臣《だいじょうだいじん》に就任以降、平氏の子弟・子女も同様に呼ばれるようになったのです。

　義朝は二十代前半で、鎌倉を拠点に南関東の武士団の統率に成功しました。その後、京都に戻り、久安《きゅうあん》三（一一四七）年に生まれたのが、三男の頼朝です。

　義朝は保元《ほうげん》元（一一五六）年、崇徳《すとく》上皇と後白河《ごしらかわ》天皇、藤原忠通《ふじわらのただみち》と頼長《よりなが》の対立によって起きた保元《ほうげん》の乱《らん》で平清盛らと共に活躍し、官職の左馬頭《さまのかみ》に任命されています。そして平《へい》治《じ》元（一一五九）年、後白河上皇の近臣・藤原通憲《みちのり》（出家後は信西《しんぜい》）と結んで権勢を振るう平清盛を打倒するため、通憲と反目する藤原信頼《のぶより》と協力して挙兵します。平治《へいじ》の乱《らん》です。平治の乱が始まってすぐに、義朝は朝廷より従四位《じゅしい》の位階を授けられます。

　ここからは、義朝がこれらの官位（位階と官職）でどれくらいの収入を得ていたかを見ていきましょう。

朝廷からの俸禄《ほうろく》（律令制下における官人への給与）は現物支給です。ただ、義朝がどれくらい支給されていたかをはっきりと示す史料はありませんから、参考にできる史料から類推し、近似値を求めます。また、一〇世紀中頃には支給が遅れたり、満額支給できなくなったりするなど形骸化していました。ですから、「規定通り支給されていたら」として考えます。

俸禄は位階に応じて与えられ、位階が高いほど多くもらえました。位階は、推古《すいこ》天皇の時代に制定された冠位十二階《かんいじゅうにかい》の制《せい》から数度の変遷を経て、大宝元《たいほう》（七〇一）年の大宝律令《たいほうりつりょう》、養老元《ようろう》（七一八）年の養老律令《ようろうりつりょう》でほぼ確立しました。その後も戦前まで続き、現在も死亡者のみ適用されています。支給物は田（米）、絁、綿《わた》、布、糸、鍬《くわ》、鉄《くろがね》などで、各位階でどれくらいもらえたかは、高橋崇《たかはしたかし》さん（元岩手大学教授、故人）の著書『律令官人給与制度の研究』などに記されています。

それらによれば、従四位の俸禄は位田《いでん》（五位《ごい》以上の官位に応じて支給された田）が二〇町《ちょう》、位禄《いろく》（四位と五位に支給された禄）として絁八疋《ひき》、綿八屯《とん(もじ)》、布四三端《たん》、庸布《ようふ》（庸《よう》として納められた布）三〇〇常《きた》、さらに資人《しじん》（従者）三五人が与えられました。なお、単位の

「端」「段《たん》」（後出）は「反《たん》」と同じです。一反（端、段）＝二丈《じょう》六尺《しゃく》であり、小袖《こそで》を一枚つくることができます。ちなみに「段」は、「段《きた》」（後出）の場合は「常」と同じで一丈三尺となります。

これらに加えて、季禄《きろく》があります。季禄とは、在京の文武職事官《しきじかん》で諸官庁の四等官（長《か》官《み》、次官《すけ》、判官《じょう》、主典《さかん》）クラスのポストに就いている者および大宰府《だざいふ》などの職事官に対して、ポストの相当位に応じて二月と八月に支給された禄のことです。ただし、出勤日数が一二〇日以下では支給されません。義朝の官職の左馬頭は従五位《じゅごい》に相当し、絁八疋、糸四絇《く》、綿四屯、布二〇端、鍬二〇口《こう(く)》、鉄八廷《てい》が与えられました。

これらすべて（資人を除く）を米に換算することで、金額を導き出したいと思います。使用するのは、平安時代の律令の施行細則『延喜式《えんぎしき》』にある禄物価法《ろくもつかほう》です。これは位階によって得られる絁や綿などの禄物《ろくもつ》を稲穀《とうこく》に換算したもので、物価の差などがなくなるように地方ごとの換算価格が記されています。

禄物価法で、義朝の住む京都（畿内《きない》）を見ると、絹（絁）一疋＝稲三〇束《そく》、糸一絇＝稲六束、綿一屯＝稲三束、調布《ちょうふ》（布）一端＝稲一五束、庸布一段《きた》＝稲九束、鍬一口＝稲三束、鉄一廷＝稲五束となっています。『延喜式』において、田（上田《じょうでん》）は一町で五〇〇束とされていますので、義朝の俸禄は位田二〇町＝稲一万束、絁一六疋＝稲四八〇束、綿一二屯＝稲三六束、布六三端＝稲九四五束、庸布三〇〇常＝稲二七〇〇束、糸四絇＝稲二四束、鍬二〇口＝稲六〇束、鉄八廷＝稲四〇束となります。締めて、稲一万四二八五束です。

稲一束は舂米《しょうまい》（脱穀して籾殻《もみがら》を取り除いた米）五升《しょう》に相当しますから、前述の一石＝一〇万円で計算すると、稲一束は五〇〇〇円。これを掛けると、義朝が官位で得られる年収は七一四二万五〇〇〇円となります。ただし、あくまで「規定通り支給されていたら」ですが。

北条政子が買った夢の価格

平治の乱は源氏と平氏に分かれて戦った最初の戦いですが、義朝側すなわち源氏が敗北しました。その後、平氏は栄華をきわめていくことになります。

この戦いに、一三歳の頼朝も参加していました。父・義朝が敗れたことで東国に敗走するのですが、美濃《みの》国（現岐阜県南部）で捕まり、伊豆《いず》国（現静岡県の伊豆半島・伊豆諸島）

へ流されます。その後、頼朝は二〇年間、この地で流人《るにん》として過ごすことになります。その時に出会い、妻となったのが北条政子です。北条氏は平氏の庶流で、在庁官人を出自とする豪族です。政子の父・時政《ときまさ》は、頼朝の監視役を務めていました。

流人の頼朝と監視役の娘である政子がいつどのように出会い、恋に落ちたかは定かではありませんが、鎌倉時代の軍記物語『源平盛衰記《げんぺいじょうすいき》』には、平氏の威を恐れる父の反対を押し切った政子が夜、豪雨のなかを伊豆山権現《いずさんごんげん》（現伊豆山神社）で待つ頼朝のもとに走った話が描かれています。いずれにせよ、頼朝と政子が夫婦となったのは治承《じしょう》元（一一七七）年頃と考えられています。

二人の恋にまつわるお金の話が残されていますので、紹介しましょう。それは、政子の「夢買い」です。日本には古くから「夢買い」という風習がありました。他人が見た縁起の良い夢を買い取ることで福を転じさせたり、縁起の悪い夢を見た人から夢を買い取って不幸から守ったりしたのです。各地に残る昔話に数多く登場していますが、鎌倉初期の説話集『宇治拾遺物語《うじしゅういものがたり》』には奈良時代の官人であり学者でもある吉備真備《きびのまきび》が他人の夢を買ったことで活躍したと記されています。

政子の「夢買い」が登場するのは、鎌倉時代後期の英雄伝記物語『曽我物語《そがものがたり》』です。政子の母違いの妹はある日、高い山に登り、太陽と月を着物の左右の袂《たもと》に入れるという奇妙な夢を見ます。その話を聞いた政子は、それを最上の吉夢と考え、自分のものにしようとします。そして妹に「それは恐ろしい夢だ」と言うと、夢を自分に売らせるのです。これによって政子は征夷大将軍《せいいたいしょうぐん》・頼朝の妻となり、頼朝の死後は「尼将軍」として幕府の実権を握る運命を決定づけたように、『曽我物語』は記しています。

それでは、政子は妹の夢をいくらで買ったのでしょうか。政子が妹に支払ったのは、北条家に伝わる唐《とう》の鏡と唐綾《からあや》（唐織《からおり》の綾）の小袖です。残念ながら、それ以上はわかりません。そこで、同時期に同じような物が取引された記録を調べてみました。

まず鏡に関しては、長徳《ちょうとく》二（九九六）年から承久《じょうきゅう》元（一二一九）年までに五件の記録を見つけました。売買に使われたのは、銭、絹、准絹《じゅんけん》、准布《じゅんぷ》、米。准絹と准布は「絹ならこれくらい」「布ならこれくらい」という価格の表示方法で、実際に絹や布で売買が行なわれたか否《いな》かはわかりません。ここで登場する絹は絁とは別のもので、絁よりは高級です。また、准絹は地域や年代によって価値が乱高下し、時に一〇〇分の一になることもあったようです。

『西宮記』には盗まれた絹の価格がいくつか出てきますが、その一つである絹一疋＝二〇〇〇文を採用します。前述の一文＝一〇〇円で計算すると、二〇万円です。さらに前項の換算方法にあてはめると、鏡一面はもっとも安いもので現在の一万円、もっとも高いもので二二万五〇〇〇円になりました。ただし、もっとも安いものは四寸鏡で通常の鏡より小さなものでした。鏡は一五万円、二〇万円になるものもあったので、およそ二〇万円が相場だったのではないかとの予想が立てられます。

次に、唐綾の小袖です。小袖の売買記録を探したところ、建久《けんきゅう》八（一一九七）年と建《けん》仁《にん》二（一二〇二）年の史料が残されていました。両者を現在の価格に換算すると、三五万二〇〇〇円、二〇万円となりました。しかし、これだけでは不十分です。ポイントは唐綾です。

小袖には下着のように着物の下に着るものと、人に見せるために外側に着るものとがあります。唐綾とは美しい模様のついた唐織物ですから、後者と考えられます。同時期の唐綾の売買記録を探したところ、久安二（一一四六）年から建久六（一一九五）年までに複数の取引の史料を見つけました。そのなかで、もっとも安いものは白唐綾一端で米三石六斗《と》、現在の価値に換算すると三六万円になります。もっとも高いものは唐綾二〇段で絹一二〇〇疋でした。一段を一端として、前述の絹一疋＝二〇〇〇文（二〇万円）で計算すると総額二億四〇〇〇万円、一端あたり一二〇〇万円になります。

当時の北条家は在地豪族にすぎませんから、政子が高価なものを持っていたとは考えにくいので、五〇万〜一〇〇万円ほどだったのではないでしょうか。ということは、政子が妹から買った夢の価格は七〇万〜一二〇万円となります。

政子が妹から夢を買い取った翌日、政子のもとに頼朝から恋文《こいぶみ》が届きます。実は、この恋文は政子の妹に書かれたものでした。しかし、頼朝から文を託された頼朝側近の安達盛長《あだちもりなが》は、政子の妹の悪い噂を知っていたこともあり、政子あてに書き直し、届けたのです。夢の効果ですかね。

頼朝の軍勢は何メートル？

治承四（一一八〇）年、政治を独占していた平氏への反感が高まり、後白河天皇の第三皇子以仁王《もちひとおう》が平氏追討の令旨《りょうじ》（皇后、皇太后、皇太子、親王、王などの命令を伝える文書）を各地の源氏に発し、挙兵を促《うなが》しました。

頼朝も、北条時政の援助を受けて兵を挙げます。八月一七日、伊豆国の目代《もくだい》（国司《こくし》に代わり政務を代行する者）山木兼隆《やまきかねたか》を討ち、国衙《こくが》（役所）を奪うと、相模《さがみ》国（現横浜《よこはま》市の一部と川崎《かわさき》市を除く神奈川県ほぼ全域）の三浦《みうら》氏と合流するため、兵を東へ進めます。行く手を阻《はば》んだのが、平氏方の大庭景親《おおばかげちか》らです。同月二三日、頼朝は石橋山《いしばしやま》に布陣します。夕刻、景親らの軍が頼朝軍を急襲。頼朝方三〇〇騎に対して、景親方三〇〇〇騎。圧倒的な兵力の差に頼朝軍は壊滅状態となり、頼朝は窮地に追い込まれました。

頼朝を救ったのは、景親方に与《くみ》しながらも頼朝に通じていた飯田家義《いいだいえよし》、梶原景時《かじわらかげとき》らです。彼らの計らいで、頼朝は箱根《はこね》山中を脱すると、二八日には真鶴岬《まなづるみさき》から海路で安房《あわ》国（現千葉県南部）に逃《のが》れました。

頼朝が安房国に入ると、安房国、上総国、下総《しもうさ》国（現千葉県北部・茨城県南西部）の武士たちが次々と臣従を申し出てきます。彼らは皆、朝廷や平氏に抑《おさ》えつけられていることに不満を抱いていたのでしょう。源氏は前九年《ぜんくねん》の役《えき》（一〇五一〜一〇六二年）、後三年《ごさんねん》の役《えき》

（一〇八三〜一〇八七年）の頃から東国での影響力が強く、前述のように頼朝の父・義朝は上総国で育ったのちに鎌倉を拠点として南関東の武士団を統率していました。関東の武士たちにとって、頼朝は棟梁として担ぎ上げるのに最適な人物だったのです。

一カ月半後、前述の三カ国に武蔵《むさし》国（現東京都・埼玉県・神奈川県の一部）の武士を加え、鎌倉に入ります。『吾妻鏡』によれば、その数およそ五万（実際はもっと少なかったと思いますが……）。

頼朝が鎌倉入りをした当時、北から鎌倉に入る道は一本しかありませんでした。現在、「亀《かめ》ヶ谷坂切通《やつさかきりとお》し」と呼ばれている場所です。実際に歩くとわかりますが、武具を着けた武士なら、横に二人並ぶのがやっとの道幅です。しかも、仁治《にんじ》元（一二四〇）年に切通しとして整備されたと伝わっており、今よりも狭く険《けわ》しい坂だったことが想像できます。

人と人の間を前後一メートルの間隔を空けていたとすると、頼朝の軍勢は二万五〇〇〇メートル、およそ二五キロメートルという長蛇の列をなして鎌倉入りをしたことになります。

要塞都市・鎌倉

頼朝が鎌倉に入ると、それまで頼朝の安否がわからず伊豆で無事を祈り続けていた政子も鎌倉に来て、二人は再会を果たしました。

いっぽう、平清盛が送った頼朝追討軍は東へ進んでいました。頼朝は迎え撃つべく、陣容を整え、西に兵を進めます。両軍が激突したのが治承四（一一八〇）年一〇月、いわゆる富士川《ふじがわ》の戦いです。源氏の軍勢は二〇万（『吾妻鏡』）、平氏の軍勢は七万（『平家物語《へいけものがたり》』）とされていますが、時代が下った慶長《けいちょう》五（一六〇〇）年の関ヶ原の戦いに集結した東西両軍が約一七万ですから、源平両軍の数は大幅に嵩増《かさま》しされていると見ていいでしょう。

戦いは、平氏側が長距離の遠征で疲れきっているところに、武田信義《たけだのぶよし》（甲斐《かい》源氏）の軍が背後を突こうと近づくと水鳥がいっせいに飛び立ち、その羽音を大軍の襲来と勘違いした平氏軍は混乱。一戦も交えずに敗走したとされています。

戦いが終わり、頼朝は弟の義経《よしつね》と面会します。およそ二〇年ぶりの再会です。この時、頼朝は義経の手を取って涙を流したと伝えられていますが、これは懐旧の情よりも、援軍のために奥州平泉《おうしゅうひらいずみ》（現岩手県南西部）から遠路を馳《は》せ参じた感謝のほうが大きかったかもしれません。というのも二人が別れた頃、義経は赤子《あかご》だったからです。

その後、頼朝は政権の拠点とするべく鎌倉の整備を推《お》し進めます。参考としたのは、幼い頃を過ごした京都です。京都の街は、天皇の御座所《ござしょ》である御所《ごしょ》を中心に広がっています。鎌倉において、その代わりとしたのが鶴岡《つるがおか》八幡宮です。鶴岡八幡宮は、頼朝の五代前の頼義《よりよし》が康平《こうへい》六（一〇六三）年、前九年の役の勝利に対する感謝を示すため、戦勝祈願をした京都の石清水《いわしみず》八幡宮を由比《ゆい》ヶ浜《はま》に勧請《かんじょう》（神仏を分霊して祀ること）した由比若宮《ゆいわかみや》が始まりとされています。

頼朝は鎌倉入りのあと、由比若宮の社殿を移し、整備して鶴岡八幡宮としました。そして、京都の朱雀大路《すざくおおじ》にならい、鶴岡八幡宮の参道を海岸まで続く若宮大路として整備しました。その周辺に多くの人を住まわせることで、経済的基盤を整えていったのです。なお、由比若宮は現存し、「元八幡《もとはちまん》」とも呼ばれています。

鎌倉は四方を山と海に囲まれ、特に山側につくられた道は、すべて山を切り崩した切通しになっています。道幅が狭いため、大軍が一気に攻め込むことを防ぐだけでなく、攻め込まれた際には切通しの上から弓矢や投石で狙い撃ちすることもできます。つまり、鎌倉は軍事要塞でもあったのです。

鎌倉は若宮大路を挟んで西側が低く、東側が高いつくりになっています。ここから、西側からの攻撃を想定していたことがうかがわれます。なお若宮大路は中央に一段高い参道・段葛《だんかずら》が設けられており、攻め込むにはこれを越えなければなりません。また段葛は海から鶴岡八幡宮に近づくにつれて狭くなるようにつくられているのですが、これは海側から見た時の距離感を狂わせ、鶴岡八幡宮をより遠くに見せるための工夫とされています。幕府および御家人《ごけにん》たちの屋敷も若宮大路より東側に集中し、敵がまっすぐに入ってこられないよう、出入口が若宮大路に背を向けた東向きにつくられていました。

このような街の整備や鶴岡八幡宮の造営にどれくらいの費用を要したのかは残念ながらわかっていません。ただ、次のような細かいデータなら示すことができます。

養和《ようわ》元（一一八一）年、前年に由比若宮から遷宮されて仮宮だった鶴岡八幡宮の本格的な社殿建築が始まりました。その際、頼朝は浅草《あさくさ》から大工を呼び寄せ、上棟式《じょうとうしき》では褒美《ほうび》として馬を与えたことが『吾妻鏡』に記されています。他にも給金が渡されていたのかもしれませんが、何もなければ、この馬が工賃となるわけです。

この時、一つの事件が起こっています。頼朝はその馬を引く役を義経に命じたのですが、義経は口答えをして、すぐには引き受けませんでした。その態度に、頼朝は激怒します。頼朝にすれば、武家の棟梁は自分一人であり、弟といえども他の御家人同様、それに従うべきと考えたからです。

頼朝に贈られた出産祝いの総額

若宮大路の段葛には軍事目的以外、もう一つの理由があると言われています。それは、頼朝から政子へのプレゼントです。

鶴岡八幡宮の本格的な社殿建築が始まった頃、懐妊中だった政子は安産祈願のため、毎日、鶴岡八幡宮に通っていました。海に近い鎌倉の土地は水はけが悪く、周囲よりも低い位置にある若宮大路には雨が降ると、大量の雨水が流れ込みます。ぬかるんだ道を多くの人が歩くことで、道はさらに悪くなり、晴れた日でも至るところに凹凸《おうとつ》ができる有様《ありさま》でした。身重《みおも》の政子を心配した頼朝は、参道を一段高くした段葛を築かせたというのです。

寿永《じゅえい》元（一一八二）年八月、政子は長男・頼家《よりいえ》を出産しました。武家の棟梁の跡取りの誕生に、御家人たちも喜んだようです。『吾妻鏡』によると、誕生祝いとして、頼朝のもとには馬二〇〇頭余りと護《まも》り刀《がたな》（懐剣《かいけん》）七本が届けられています。当時、贈り物の最上級が馬、次が刀でした。古来、日本には大切な人を守護するために短刀を贈る風習があり、誕生したばかりの赤子にも贈られました。この時に贈られる短刀が護り刀です。

馬の価格から見ていきましょう。乱暴に言えば、馬は現代の自動車です。そして安価な中古車もあれば、家が買えるくらいの高級車があるのと同様に、馬の価格も大きな開きがありました。

馬は、その質から上馬《じょうば》、中馬《ちゅうば》、下馬《げば》に分けられ、産地によっても価格が変わりました。『延喜式』には、畿内の上馬は稲二五〇束、武蔵国の上馬は稲四〇〇束、陸奥国《むつ》（現青森県・岩手県・宮城県・福島県）の上馬は稲六〇〇束とあります。稲一束＝五〇〇〇円で計算すると、一二五万円、二〇〇万円、三〇〇万円となります。同じ上馬でも、大きな差があったのです。

細かい史料も見てみます。頼朝が生まれた久安三（一一四七）年の前後一〇〇年（一〇九七～一一九七年）に絞り、実際に売買された記録を調べてみました。取引額がはっきりしている史料のなかで、もっとも安価な取引は元永元《げんえい》（一一一八）年、伊賀国《いが》（現三重県北西部）において麻布一段《あさぬの》で売られたケースです。禄物価法を見ると、伊賀国は庸布一段＝稲二〇束とあるので、一〇万円になります。

また、保安元《ほうあん》（一一二〇）年に摂津国《せっつ》（現大阪府北西部・兵庫県南東部）で不用馬五疋《ひき》（匹）を稲一五〇束で売ったという記録もあります。一疋＝稲三〇束、一五万円です。不用馬五疋の内訳は、駅馬《えきば》二疋と伝馬《てんま》三疋。駅馬は東海道《とうかいどう》など主要な官道に三〇里（現在の四里＝約一六キロメートル）ごとに置かれた駅《うまや》を結ぶために使われた馬、伝馬は公用旅行の官人が使うために各郡で飼われた馬です。不用馬とされていることから、長年使用されて、新しい若い馬と交換された馬を指しているのでしょう。

いっぽう、もっとも高値で取引された記録は、承徳《じょうとく》三（一〇九九）年に伊勢国《いせ》（現三重県東部）で鹿毛馬《かげうま》一疋が絹一五〇疋と交換されたというものです。鹿毛馬とは、体が鹿に似た茶褐色の毛に覆《おお》われ、たてがみ、脚の下部、尾などが黒色の馬のことです。絹一疋＝二〇万円で計算すると、三〇〇〇万円になります。

また、『源平盛衰記』には、平氏追討で武勲を立てた関東の武士・熊谷直実《くまがいなおざね》が陸奥一戸《いちのへ》の馬を上品絹二〇〇匹（疋）で手に入れたことが記されています。何と四〇〇〇万円です。直実はその後、「権太栗毛《ごんだくりげ》」と名づけたこの馬で活躍して名を揚げましたから、いい買物だったのかもしれません。

では、頼朝に届けられた馬はいくらになるのでしょうか。武士たちが棟梁と仰いだ人への出産祝いに、不用馬のような安い馬を贈るとは考えられません。また、前述の『延喜式』でも武蔵国の上馬は二〇〇万円でしたので、頼朝のもとに集まった馬は一頭二〇〇万円ほどと考えるのが妥当ではないでしょうか。

次に、護り刀の価格です。護り刀の史料は乏しく、年代を一〇〇〇年頃からと幅を広げても、見つけられたのは普通の刀や太刀《たち》ばかりでした。そこで、刀や太刀の価格から護り刀の価格を類推したいと思います。

史料は、長徳二（九九六）年から建長二（一二五〇）年頃（『宇治拾遺物語』記載の金額のため、その成立年頃とした）までの一一件。最安値は、長徳二（九九六）年の黒作《くろづくりの》太刀《たち》二振り六〇〇文です。一文＝一〇〇円で計算すると、一振り三万円になります。黒作太刀とは身分が低い官人が使う刀で、柄《つか》、鞘《さや》、金具類もすべて黒漆《くろうるし》で塗られたものです。

最高値は、天承元《てんしょう》（一一三一）年に筑前国《ちくぜん》（現福岡県北西部）で取引された刀一振り絹一五疋というものでした。三〇〇万円です。一〇〇万円、一五〇万円になるのは、銀で装飾された銀造太刀などです。それ以外のほとんどは五〇万〜一五〇万円の価格帯に入ります。これらから考えると、調度品でもある護り刀の妥当な金額は五〇万〜一〇〇万円と考えられます。

馬一頭を二〇〇万円、護り刀一本を一〇〇万円で計算すると、頼朝のもとに集まった出産祝いの総額は四億七〇〇〇万円になります。鎌倉幕府は始まったばかりで、権力機構として不安定のなか、これだけのものが集まるというのは関東武士たちの財力、そして頼朝への期待が見て取れます。なお、頼朝のもとに集まった馬の多くはその後、近隣の寺社に奉納されています。

鎌倉幕府の成立年はいつ？

頼朝はその後も勢力を広げ、寿永二（一一八三）年には関東を平定しました。頼朝と同じく以仁王の令旨を受けて挙兵していた源（木曽《きその》）義仲《よしなか》も、都《みやこ》から平氏を追い出すことに成功します。しかし、義仲の軍勢が京都で問題を起こしたり、義仲が皇位継承に口を挟んだりしたため、義仲は後白河上皇の不興を買います。

後白河上皇による義仲追討の命を受けた頼朝は、弟の範頼《のりより》と義経を派遣し、寿永三（一一八四）年に義仲を討ちます。範頼と義経は続けて、西国で勢力を盛り返した平氏の討伐に向かい、一《いち》の谷《たに》の戦い、屋島《やしま》の戦いを経て元暦《げんりゃく》二（一一八五）年、壇《だん》の浦《うら》の戦いでついに平氏を滅ぼしたのです。ここに、源平の争乱（治承《じしょう》・寿永《じゅえい》の乱《らん》）は終止符を打ちます。

義経は褒美として朝廷から官位を授かりますが、武家の棟梁である頼朝の推挙や許可を得ていたものではなかったために、頼朝は激怒します。義経は申し開きをしようと鎌倉に戻るものの、入国を許されません。京都に戻った義経は打倒頼朝を掲げますが、兵が集まらずに失敗に終わります。その後は、身を隠しての敗走生活を送ることになりました。

頼朝は、この機を逃しませんでした。逆賊・義経の捕縛を理由に、国ごとに守護《しゅご》、荘園や公領（国司が管理する土地）ごとに地頭《じとう》を置くことを朝廷に認めさせたのです。これによって、頼朝の権力がおよぶ地域が全国に広がっていくことになりました。

多くの教科書は、守護と地頭が置かれた一一八五年を鎌倉幕府の成立年としています。全国に指揮命令系統ができたということが大きな理由です。ただ、鎌倉幕府の成立年については、研究者によってさまざまな考えがあります。かつては、頼朝が征夷大将軍になった一一九二年とする考え方が主流でした。他にも、「幕府」とはそもそも近衛大将《このえたいしょう》以上の人が置く陣容の呼び名であることから、頼朝が朝廷の軍事部門のトップである右近衛大《うこのえたい》将《しょう》に就任した一一九〇年とする考え方もあります。

ちなみに私は、頼朝が武士の政権樹立を目指して鎌倉入りした一一八〇年を鎌倉幕府の成立年と考えています。

静御前への褒美

文治《ぶんじ》元(一一八五)年、義経追討軍は大和国《やまと》(現奈良県)の吉野山《よしのやま》において、義経の愛人で白拍子《しらびょうし》(歌舞を業とする芸人)の静御前《しずかごぜん》を捕らえました。翌年、鎌倉に連れてこられた静御前に対し、頼朝は鶴岡八幡宮で舞うよう命じます。静御前は、義経を慕う歌で舞いました。

激怒した頼朝に、「何と情のないことを」と窘《たしな》めたのが政子です。政子は、伊豆にいた頃に自分たちの関係が父親に反対されていたこと、石橋山の戦いのあとに消息のわからない頼朝の帰りを待ち続けたことなどを話し、静御前の気持ちがわかると頼朝に伝えたと、『吾妻鏡』に記されています。

怒りを鎮めた頼朝は御簾《みす》から着物を差し出し、褒美として静御前に渡しました。このように、歌舞や演芸などを披露した人に衣服や金品を渡すことを「纏頭《てんとう》」と言います。今で言う、チップやご祝儀のようなものです。

では、静御前の褒美はいくらになるのでしょうか。『吾妻鏡』には「小時押出〔卯花《うのはな》重《がさね》〕於簾外　被纏頭之云々（すこしのち、簾外《れんがい》に卯花重を押し出し、纏頭した）」としか記されていません。「卯花重」は着物の色を表しているものと思われます。具体的には、衣《ころも》の表裏や二枚以上の衣を重ねることを「重《かさね》（襲）」、表が白で裏を青とする色目は「卯花」と呼ばれました。男性用の着物では特に美しさが際立つという理由から狩衣《かりぎぬ》に多く用いられています。狩衣とは公家などの身分の高い人が着用したもので、頼朝も着ていたと考えられます。

自分が着用していたものを渡す以外に、あらかじめ用意した着物を渡すことも行なわれていました。これは「被物《ひもつ》」「被け物《かずもの》」と言います。『吾妻鏡』を読み下した多くの書物は、該当の部分で「御衣《ぎょい(おんころも)》（卯花重）を簾外に押し出し」としています。「御衣」とは天皇や貴人の衣服のことですから、これは被け物として用意されたものではなく、頼朝が身につけていたものと考えられます。

頼朝の時代の狩衣の記録を探したところ、建久八（一一九七）年に下総国で狩衣の袴《はかま》だけを布二七段で購入した例が見つかりました。現在の価値にして、およそ二〇〇万円です。

この史料だけでは心許《こころもと》ないので、似たような装束である水干《すいかん》でも探してみます。水干は、平安時代には下級の官人が着る衣装でしたが、鎌倉時代の武家では狩衣と共に礼装として着用されました。こちらは、二件の記録を見つけることができました。一件は、天承元（一一三一）年の筑前国でのもので、紺色の水干が絹四疋（八〇万円）で売買されています。もう一件は、建久八（一一九七）年に下総国で水干一式をバラバラに購入した記録で、それらをまとめると、二一〇万円ほどになります。

武家の棟梁がそれほど安い着物を着ていたとは考えられませんが、高価な着物で着飾っていたとも考えられません。たとえば、『吾妻鏡』の元暦元（一一八四）年一一月二一日の条に、次のようなエピソードが記されています。

頼朝は、右筆《ゆうひつ》（書記役）の藤原俊兼《としかね》を呼び出しました。俊兼は普段から派手に着飾っており、この日も華美な小袖を着ていました。すると頼朝はその小袖の袖を切って、「おまえは才能に富《と》んだ者なのに倹約を知らない」と俊兼を戒《いまし》めたのです。質素倹約を旨とし、質実剛健を重んじた頼朝の姿勢がうかがえるエピソードです。

このことから考えても、頼朝が静御前に褒美として渡した着物の価格は高く見積もっても一〇〇万円ほどだったのではないでしょうか。その後、静御前は鎌倉で義経の子を産みますが、生まれた子は頼朝の命により海へ沈められました。静御前は放免されて京都へ帰されますが、以降の消息はわかっていません。

頼朝の年収

文治五（一一八九）年一月、頼朝は正二位《しょうにい》の位階を授けられます。父・義朝の従四位よりも五つも高い位です。なお、正二位は同時期には最大で数人しか存在しません。それくらいの高位なのです。

いっぽう奥州平泉に逃れた義経は、藤原秀衡《ひでひら》の保護を得ていました。しかし秀衡没後、家督を継いだ泰衡《やすひら》は頼朝に屈すると同年閏《うるう》四月に義経を襲撃、義経は自害しました。その後、頼朝はみずから出陣すると藤原氏を討ち、陸奥国、出羽《でわ》国（現秋田県・山形県）という広大な領地を手中に収めたのです。

頼朝は建久元（一一九〇）年一一月、上洛すると後白河上皇に拝謁します。そして、権《ごん》大納言《だいなごん》兼右近衛大将に任命されましたが、すぐに両職を辞します。京都での在勤を求められるため、鎌倉に戻ることができないからです。

建久三（一一九二）年三月に後白河上皇が崩御《ほうぎょ》すると、同年七月、頼朝は後鳥羽《ごとば》天皇によって征夷大将軍に任ぜられます。こののち、征夷大将軍が武家の棟梁を指すことになるわけですが、なぜ征夷大将軍だったのでしょうか。そもそも征夷大将軍は平安初期、蝦夷《えみし》討伐のために設けられた令外官《りょうげのかん》（令《りょう》に規定のない官職）です。それが頼朝に与えられたのは、いかなる理由なのでしょうか。

頼朝は後白河上皇の崩御後に、朝廷に常置の職である右近衛大将を超える「大将軍」への任命を願い出ています。そのことは、内大臣《ないだいじん》の中山忠親《なかやまただちか》の日記『山槐記《さんかいき》』などから明らかになっています。

それを受けて、朝廷では「上将軍《じょうしょうぐん》」「総官《そうかん》（惣官）」「征東大将軍《せいとうたいしょうぐん》」「征夷大将軍」などを検討しました。まず上将軍は日本での先例がなく、惣官は平宗盛《むねもり》に、征東大将軍は木曽義仲に与えたけれども両者とも滅びているから縁起が悪い。吉例として選択されたのが、坂上田村麻呂《さかのうえのたむらまろ》などが任官した征夷大将軍でした。つまり、「征夷」よりも「大将軍」に意味があったのです。

では、頼朝の年収はどれくらいだったのでしょうか。正二位の俸禄は位田が六〇町、位封《いふ》（三位《さんみ》以上に与えられた禄）として封戸《ふこ》が二〇〇〇戸、さらに資人八〇人が与えられました。

封戸とは戸ごとの公民を指し、その家の民《たみ》が納める租庸調《そようちょう》のすべてが収入となります（天平《てんぴょう》一一［七三九］年まで租は半分の支給）。あてられる税に差がなくなるよう、租は一戸四〇束とし、庸調を納める一戸あたりの正丁《せいてい》（二一歳から六〇歳の男子）の人数にも基準が設けられました。

封戸となる五〇戸のうち二〇戸は、一戸あたりの正丁が五人と中男《ちゅうなん》（一七〜二〇歳の男子）一人、三〇戸は正丁六人と中男一人とされました。正丁一人が納めるのは、庸は庸布が一常（中男には課されない）、調は絹や綿、糸などから選べますが、布であればこれも一端となります（中男は正丁の四分の一）。これらから一戸あたりの庸調を割り出すと、庸布は五・六常、調布は五・八五端となります。

季禄はどうでしょう。官職は本来、官位相当《かんいそうとう》の制《せい》（官人は位階に相当する官職に任命される）によって位階に対応しているのですが、征夷大将軍は令外官です。ですから、その前の官職、権大納言で見てみましょう。大納言は正三位《しょうさんみ》に相当し、季禄は絁二八疋、糸一四絇、綿一四屯、布八四端、鍬八〇口、鉄三二廷が与えられました。さらに、職田《しきでん》（官職に応じて支給された田）が二〇町、職封《しきふ》（官職に応じて支給された封戸）が八〇〇戸、資人一〇〇人が与えられます。

これらを、禄物価法で稲束に直していきます（資人を除く）。位田＝稲三万束、職田＝稲一万束、封戸は一戸あたりの租が稲四〇束、庸が稲五〇・四束、調が稲八七・七五束となるので、一〇〇〇戸で稲一七万八一五〇束となります。絁＝稲八四〇束、糸＝稲八四束、綿＝稲四二束、布＝稲一二六〇束、鍬＝稲二四〇束、鉄＝稲一六〇束、締めて稲二二万七七六束となります。稲一束＝五〇〇〇円で計算すると一一億三八八万円です。ただし、くどいようですが、「規定通り支給されていたら」の話です。

朝廷への口利き料

頼朝は鎌倉幕府を盤石にし、そのなかで源家《げんけ》が中心的役割を果たすために、幕府と朝廷を密接に結びつけようとします。つまり、公武合体です。具体的には、長女の大姫《おおひめ》を後鳥羽天皇に入内《じゅだい》（后妃が内裏《だいり》に入ること。事実上の結婚）させようとしたのです。

それまで大姫には二回、結婚の話がありました。一回目は六歳の時です（大姫の生誕年には複数説あり）。寿永二（一一八三）年に、頼朝が対立していた木曽義仲の長男・義高《よしたか》を人質として鎌倉に迎え、大姫の婿とすることで和議を結んだのです。しかし翌年、義仲は頼朝が派遣した範頼と義経に討ち取られました。この時、頼朝は将来の禍根を断《た》つべく義高も殺害しました。仲良く暮らしていた義高の死に大姫は心を痛め、その後一〇年以上、床に伏したと言われています。

二回目は一七歳の時です。建久五（一一九四）年、頼朝は甥で貴族の一条高能《いちじょうたかよし》との縁談を大姫に勧めます。これは政略結婚ではありますが、頼朝は自らが苦しめた娘の幸せを願っていたのかもしれません。しかし、大姫は「それなら身を投げる」と言って拒みました。

頼朝は入内工作のため、朝廷の実力者である源（土御門《つちみかど》）通親《みちちか》と丹後局《たんごのつぼね》（高階栄子《たかしなのえいし》）に接触をはかります。建久六（一一九五）年、頼朝と政子は大姫を連れて京都に赴き、政子は丹後局と対面しました。この時、政子は銀製の蒔絵箱《まきえばこ》に砂金《さきん》三〇〇両《りょう》を入れて、白綾三〇端と共に丹後局に渡しています。言わば、朝廷への口利き料です。その価値はどれくらいのものなのでしょうか。

平安時代から鎌倉時代初期の期間で、銀製の蒔絵箱の売買価格がわかる史料を探したところ、銀製は見つかりませんでしたが、蒔絵箱は三件見つかりました。長徳二（九九六）年に櫛《くし》を入れる蒔絵箱（大きさは二合）が銭一〇貫文で取引されているのと、仁平二《にんぺい》（一一五二）年に、今の衣装箱とも言える蒔絵御衣筥《まきえおんころもばこ》が絹四六六疋と四六〇疋で取引されていました。現在の価値で前者は一〇〇万円、後者二件は九〇〇〇万円強になります。

蒔絵箱の価格は大きさによって変わるため、砂金三〇〇両が入る大きさのものを考えたいと思います。砂金の受け渡しには通常、紙や布で砂金を一〇両ずつ包む砂金包《さきんづつみ》が使われましたが、その大きさは拳《こぶし》ほどなので、約一合。砂金三〇〇両では、蒔絵箱の大きさは三〇合くらいになります。多少強引ではありますが、前述の二合で一〇〇万円の例を採用すると、政子が渡した蒔絵箱の価格は一五〇〇万円になります。

砂金取引の史料は、同時代で五件見つけることができました。綿や絹と交換したもので、現在の価値にして一両あたり二万六〇〇〇円、二〇万円、四〇万円、四八万円、六〇〇万円です。このなかで、六〇〇〇万円を除いた平均値に近い三〇万円を採用します。

白綾は、色よりも綾織物であることを重視して「綾」で探し、九件の取引を見つけることができました。現在の価値に直すと最安値で一端一万五〇〇〇円、最高値で一端三二〇〇万円と大きな開きがありましたが、五件が二〇万〜六五万円になることから、白綾一端は五〇万円と考えることとします。

これらから、蒔絵箱は一五〇〇万円、砂金三〇〇両は九〇〇〇万円、白綾三〇端は一五〇〇万円となります。締めて一億二〇〇〇万円です。政子は、丹後局の従者たちにも多くの引き出物を渡していますから、出費はそれ以上です。

多大な出費を含む工作は通親と丹後局にいいように利用され、彼らの政敵だった関白九《く》条兼実《じょうかねざね》の失脚を手助けすることになってしまいました（建久七年の政変）。兼実は頼朝と親しい間柄だっただけに、逆効果です。翌年七月、大姫は二〇歳の若さでこの世を去ります。結局、頼朝の行動は朝廷内の親幕派の勢力を弱めただけに終わったのです。

頼朝の死の謎

建久一〇（一一九九）年一月一三日、頼朝は死去します。享年五三。『吾妻鏡』には前後の記録が欠落しており、その死は謎に包まれています。

『吾妻鏡』の建久六（一一九五）年一二月二二日には頼朝が若い頃からの友人のもとへ遊びに行ったことが記されているのですが、その後は三年間以上記述がなく、建久一〇（一一九九）年二月六日、頼朝の長男である頼家が跡を継いで鎌倉殿となった記述から再開されています。いったい、何があったのでしょうか。

『吾妻鏡』で頼朝の死について触れているのは死去の一三年後、建暦《けんりやく》二（一二一二）年二月二八日の記録です。それは――相模川《さがみがわ》に架かる橋が壊れ、住民が困っているという訴えがあった。橋は一三年前に開通供養が行なわれたが、その帰りに頼朝が落馬し、まもなく亡くなったために縁起が悪いとして放置されていた――というものです。ここではじめて、頼朝が落馬したことや亡くなったことが記されるのです。

この橋は、御家人の稲毛重成《いなげしげなり》が亡き妻（北条政子の妹）の供養のために架けた橋とされています。その後に何度か架け直されたようですが、大正一二（一九二三）年九月一日の関東大震災による液状化現象で、かつての橋脚《きょうきゃく》が姿を現しました。現在、史跡「旧相模川橋脚」（神奈川県茅《ち》ヶ崎《さき》市）として見ることができます。

頼朝が亡くなった日付を確定させたのは、『新古今和歌集《しんこきんわかしゅう》』の撰者として知られる藤原定家《ていか》の日記『明月記《めいげつき》』です。建久一〇（一一九九）年一月二〇日に、前《さきの》将軍（頼朝）が一一日に出家し、一三日に入滅《にゅうめつ》したと記されているのです。

しかし、死因については今もはっきりしたことはわかっていません。落馬で負った傷が原因か、それとも別に原因があるのか、不明なのです。関白近衛家実《このえいえざね》が残した日記『猪隈《いのくま》関白記《かんぱくき》』には、「一八日　前右大将《さきのうだいしょう》頼朝卿依飲水重病」「二〇日　前右大将頼朝去一三日早世」と記されており、頼朝に何らかの病気（「飲水の病」を糖尿病と見る向きもある）があったとも考えられています。

頼朝一周忌のお布施はいくら？

『吾妻鏡』によれば、頼朝は死後、相模国の大倉法華堂《おおくらほつけどう》（現白旗《しらはた》神社）に葬られ、正治《しょうじ》二（一二〇〇）年一月には一周忌法要が営《いとな》まれています。政子が法要を依頼したのが、宋から臨済宗《りんざいしゅう》を伝えた栄西《えいさい》です。一二人の供《とも》を連れた栄西に、政子がお布施として渡した金品も記録として残されています。

具体的には錦被物《にしきのかずけもの》一〇重《かさね》、綾被物二〇重、帖絹《たたみぎぬ》一〇〇疋、染絹《そめぎぬ》一〇〇端、綿一〇〇〇両、糸二〇〇〇両、白布《はくふ》一〇〇端、紺布《こんふ》一〇〇端、藍摺《あいずり》二〇〇端、鞍置馬《くらおきうま》一〇疋、砂金三〇両、五衣一領《りょう》です。供の僧侶にはそれぞれ錦被物五重、綾（被物）一〇重、帖絹三〇疋、染絹三〇端、綿五〇〇両（五〇両とする説もあり）、糸一〇〇〇両、白布三〇端、紺布三〇端、藍摺一〇〇端、鞍（置）馬三疋を渡しています。

これらを禄物価法や残されている取引記録を参考に、現在の価格に直していきます。まず錦被物です。これは錦《にしき》を使った被け物ですから、錦と被け物の両方の価値を見ます。錦を調べると、一〇件ほどの記録がありましたが、錦一品で一億円前後のものが三件ありました。その三件は、いずれも准絹による売買記録です。准絹を除くと、錦の価値は一端あたり五〇〇〇～三〇〇〇万円。前述のように、准絹は価値の変動が大きいですから、一億円と換算された准絹も一〇〇分の一なら一〇〇万円ほどとなります。

被け物に関しては、一〇件ほどの史料が見つかりました。一件だけ三九〇〇万円という高値で取引された綾被物（六〇重で絹一万一七〇〇疋）がありましたが、それ以外は七万五〇〇〇～六〇万円になりました。ここから、錦被物一重を一〇〇万円とします。

綾被物に関しては、前述の「夢買い」で唐綾の小袖の価格を調べています。綾の価格は錦よりもやや下がるため、綾被物一重を五〇万円とします。

帖絹、染絹、綿、糸、藍摺は禄物価法に則《のっと》ります。禄物価法において相模国は、絹一疋＝稲六〇束、綿一屯＝稲六束、糸一絇＝稲一〇束となっています。これまで通り、稲一束＝五〇〇〇円で計算します。帖絹は平たく折りたたんだ絹、染絹は絹を染めたもの、藍摺は絹布に藍で模様を染め上げたものなので、いずれも絹の価格に準じたいと思います。帖絹は一疋三〇万円、染絹と藍摺は一端一五万円、綿一両九三七円、糸一両三一二五円となります。

白布、紺布は禄物価法を採用しません。なぜなら、禄物価法にある布は税として民から納められる麻布であり、お布施として高僧に渡す白布、紺布とは異なるものと考えるべきだからです。売買記録を探すと、どちらも多くの史料が残されていました。より金額のはっきりする米と交換された史料を見ると、白布は現在の価値にして一端二万六〇〇〇円から一〇万円で取引されていました。一〇万円の取引が多かったので、それを採用します。紺布は八六〇〇〜一六万円。一六万円での取引が多いので、こちらは一五万円とします。

馬は、前述の「出産祝い」で価格の設定をしています。ただ、武家に贈る戦《いくさ》に使う馬と、荷物を運ぶ馬は同じものではないと考え、上馬クラスの一疋一〇〇万円とします。

砂金は、前述の「蒔絵箱」で設定した一両＝三〇万円で計算します。

残るは五衣です。これを「いつつぎぬ」と読むと女性が着る十二単《じゅうにひとえ》のような五枚重ねの着物になりますし、「ごえ」と読むと尼僧の着用する僧衣となります。ここでは、男性の装束「いつぎぬ」として見ていきたいと思います。五衣はこの時代の役人の正装であり、袍《うえのきぬ》、半臂《はんぴ》、下襲《したかさね》、衵《あこめ》または引倍木《ひきへぎ》、単《ひとえ》の五つで一揃いとなります。

一揃いで取引した史料が見つけられなかったのですが、建久八（一一九七）年に下総国で香取《かとり》神宮遷宮に際する品として五衣の五つを購入している記録が見つかりました。参考にできるものが他にないため、この取引を採用します。ただし、袍は袍裏しか史料がなかったため、袍面も同じ価格とします。袍裏＝上品絹六丈、袍面＝同六丈（推定）、半臂＝上品絹三丈、下襲は面と裏それぞれ上品絹六丈で中倍が国絹（絁）六丈、衵も面と裏それぞれ上品絹三丈、単＝上品絹四丈。五衣一揃いで上品絹三七丈と国絹六丈となります。二丈六尺で一端、一疋はその倍です。絹一疋＝二〇万円、国絹一疋＝一五万円で計算すると、約一六〇万円となりました。

これらをすべて計算すると、お布施の額は栄西に一億四七七八万七〇〇〇円、供の僧一人あたり五二五九万三五〇〇円、合計で七億七八九〇万九〇〇〇円となります。

彼らの他にも一〇〇人の僧侶が集まり、読経《どきよう》していますから、さらに出費はあったと思われ、何よりも盛大な法要だったことがわかります。

葬儀では政子がつくった曼荼羅《まんだら》が参列者の前に飾られたのですが、剃髪《ていはつ》した政子の髪が刺繍《ししゅう》として梵字《ぼんじ》の部分に縫《ぬ》い込まれていました。政子の頼朝への深い思いが伝わります。この曼荼羅は現存しており、頼朝と政子に縁の深い伊豆山神社に収蔵されています。政子は頼朝没後に仏門に入り、日々写経をしながら慎ましい生活を送りました。

承久の乱を勝利に導いた演説

頼朝亡きあと、第二代将軍となったのは頼家です。しかし、北条氏によって一三人の合議制が布かれ、権力を失います。頼家は建仁三（一二〇三）年、義父の比企能員《ひきよしかず》と謀《はか》り北条氏を討とうとしますが、失敗。比企氏は滅ぼされ、頼家は出家して修禅寺《しゅぜんじ》に幽閉されました。翌年、頼家は北条氏によって謀殺されています。

その後、頼家の弟・実朝《さねとも》が第三代将軍に就任します。藤原定家に和歌を学んだ歌人であり、『金槐和歌集《きんかいわかしゅう》』を残したことでも知られています。

実朝が将軍に就いて一六年目となる建保《けんぽう》七（一二一九）年一月二七日、朝廷から右大臣を任ぜられた実朝の拝賀式が鶴岡八幡宮で行なわれました。この時、銀杏《いちょう》の陰から突如現れた男によって、実朝は暗殺されました。頼家の遺児である公暁《くぎょう》です。

政子は、実の子である二人の死に嘆《なげ》き悲しみましたが、頼朝とつくった鎌倉幕府を守るべく、朝廷から新たな将軍を招きます。頼朝の遠縁（祖母が頼朝の姪）にあたる三寅《みとら》（のちの九条頼経《よりつね》）です。この時、三寅は二歳。政子がその後ろ盾となり、幕府の舵《かじ》を取ることになりました。この頃から、政子は「尼将軍」と呼ばれるようになるのです。

第三代将軍・実朝の死から二年後の承久三（一二二一）年五月、政治の実権を取り戻そうと考えた後鳥羽上皇は、幕府の執権・北条義時を討つ宣旨《せんじ》（天皇や太政官《だいじょうかん》の命令を伝える文書）を発します。承久《じょうきゅう》の乱《らん》の始まりです。

幕府の実質的な最高責任者である執権が朝敵となったため、御家人たちは動揺し、幕府は混乱します。その時、政子が御家人たちを集めて訴えたことが『吾妻鏡』に記されています。

「皆、心を一《いつ》にしてうけたまわるべし。これ最期《さいご》の詞《ことば》なり。故右大将軍《うだいしょうぐん》、朝敵を征伐し関東を草創してよりこのかた、官位といい、俸禄といい、その恩は既に山岳より高く、溟《めい》渤《ぼつ》より深し。報謝の志、浅く有《あ》らんか。しかるに今、逆臣の讒《ざん》により、非義の綸旨《りんじ》を下さる。名を惜《お》しむの族《やから》、早く秀康《ひでやす》・胤義《たねよし》らを討ち取り、三代将軍の遺跡《ゆいせき》を全《まっと》うすべし。但《ただ》し、院中《いんちゅう》に参《まい》らんと欲せば、ただ今申し切るべし」（五味文彦編『京・鎌倉の王権』。ふりがなは引用者）。

いっぽう、承久の乱の原因と顚末《てんまつ》を記した『承久記《じょうきゅうき》』では、政子の演説は娘や夫、息子たちに先立たれた悲しみを訴え、その上、弟（義時）にまで先立たれたらと、自らの辛い姿を見せることで御家人たちを鼓舞したとされています。

いずれにせよ、政子の言葉に御家人たちは結束し、幕府への忠誠を誓います。幕府は一九万の大軍を京都に送り、およそ一カ月で勝利を収めました。

御家人の収入

幕府は承久の乱後、上皇に味方した公家や武士などから所領三〇〇〇余カ所を没収しました。治承・寿永の乱で平氏から没収した所領が約五〇〇カ所でしたから、支配が一気に拡大したことがわかります。

これらの所領に補任された御家人が新補地頭《しんぽじとう》ですが、旧来の本補《ほんぽ》地頭とは異なり、新たに定められた新補率法《しんぽりつぽう》により、得分《とくぶん》（収益）が明確に定められていました。では、新補地頭たちがどれくらいの収入を得ていたのかを見ていきましょう。

新補率法では、田畑一一町ごとに一町を地頭給田《じとうきゆうでん》とすること、田畑一反ごとに米五升を加徴米《かちょうまい》（年貢の他に徴収される米）として徴収できること、山野河海《さんやかかい》からの収益の半分を地頭の収入にできることなどが決められていました。

御家人がどの程度の規模の荘園を拠点としていたかは一概には言えませんが、たとえば備後国《びんご》（現広島県東部）の太田荘《おおたのしょう》は六〇〇町、京都郊外の上桂荘《かみかつらのしょう》は一五町と著《いちじる》しい差異があります。全体的に大規模な荘園のほうが少ないことから、二〇〇町規模の荘園として計算していきます。

田畑一一町ごとに一町が地頭給田となると、二〇〇町ではおよそ一八町が年貢を得られる地頭給田となります。一反あたりの米の収穫量は一石前後とされ、年貢関係の史料が豊富に残っている高野山《こうやさん》の年貢は一反あたり四斗とされています。この値を採用すると、一〇反＝一町ですから、一町で四石、一八町では七二石です。ここに一反あたり五升の加徴米が足されます。二〇〇町は二〇〇〇反ですから、加徴米は一万升＝一〇〇石となります。合わせて一七二石、米一石＝一〇万円で計算すると、一七二〇万円です。これに山野河海からの収益の半分も加算されるわけですから、二〇〇町の荘園に新補地頭として補任された御家人は、二〇〇〇万円近い収入を得られたことになります。

幕府の所領は承久の乱後に没収した所領を合わせると、四〇〇〇カ所以上になりました。流人だった頼朝が兵を挙げ、西国から軽んじられてきた東国武士たちがつくり上げた鎌倉幕府は朝廷に武力を放棄させ、全国を掌握する組織となったのです。こののち、武士の世は六〇〇年以上続くことになります。

第二章

武田信玄の軍資金

戦国時代はいつから？

戦国時代の始まりについては諸説あります。たとえば、足利《あしかが》将軍家および管領《かんれい》（将軍を補佐し政務を統轄）・畠山《はたけやま》氏と斯波《しば》氏の継嗣《けいし》問題に端を発した応仁《おうにん》の乱《らん》が始まった応仁元（一四六七）年、守護大名・今川《いまがわ》氏の食客《しょっかく》にすぎなかった北条早雲《ほうじょうそううん》が堀越《ほりごえ》公方《くぼう》である足利茶々丸《ちゃちゃまる》を討ち、伊豆を制圧して下剋上《げこくじょう》を成し遂げた延徳《えんとく》三（一四九一）年、管領の細《ほそ》川政元《かわまさもと》が第一〇代将軍・義稙《よしたね》を追放した明応《めいおう》二（一四九三）年、などです。

いっぽう、終わりについては織田信長《おだのぶなが》が第一五代将軍・義昭《よしあき》を京都から追放して室町幕府が消滅した元亀《げんき》四（一五七三）年、豊臣秀吉《とよとみひでよし》が北条氏を降伏させて天下統一を果たした天正《てんしょう》一八（一五九〇）年、大坂夏の陣で豊臣家が滅亡した慶長二〇（一六一五）年、などの説があります。

この約一世紀の間に、多くの武将が活躍しました。今から四〇〇〜五〇〇年前のことになるわけですが、歴史的に大きな区切りとなるため、各地でさまざまな事業が行なわれています。二〇二一年は甲斐国《かいのくに》（現山梨県）の武将・武田信玄《たけだしんげん》の生誕五〇〇年にあたり、山梨県ではさまざまなイベントが一年を通して行なわれました。

歴史上の人物の多くは地元で尊敬や敬愛の念を抱かれていますが、山梨県民の信玄への思いは特別なもののように感じます。というのも、「信玄」と呼び捨てにする人が少なく、「信玄公」「信玄さん」などと呼ぶ人がとても多いからです。

これは武田家の滅亡以降、甲斐国は領主の変遷が激しく、江戸時代中期には幕府の直轄地となったため、殿様らしい殿様が存在しなかったことも理由の一つでしょうが、やはり信玄自体に魅力があることが大きいでしょう。本章では、武田信玄および彼が生きた戦国時代にまつわるお金について見ていきます。

信玄の収入

大永《だいえい》元（一五二一）年に甲斐国で生まれた信玄は、五一歳の頃に領地を最大のものとします。具体的には甲斐国・信濃《しなの》国（現長野県）・駿河《するが》国（現静岡県中部）の全域、上野《こうずけ》国（現群馬県）の西半分、越中《えっちゅう》国（現富山県）・飛驒《ひだ》国（現岐阜県北部）・美濃国・三河《みかわ》国（現愛知県東部）・遠江《とおとうみ》国（現静岡県西部）の一部です。

これを慶長三（一五九八）年に豊臣秀吉が行なった太閤検地《たいこうけんち》にあてはめると、石高は約一二〇万石となります。この石高には米以外の農産物も米に換算して入れられています。米一石を現在の一〇万円として計算すると、一二〇〇億円になります。信玄時代のはっきりとした史料はないのですが、子の勝頼《かつより》の時代は時期によって異なるとはいえ、おおむね四公六民でした。この比率は米や農産物の他、漁猟《ぎょりょう》なども同様です。

ただし、領地の面積と生産高を示す石高は一致・比例しません。信玄の領地の大部分を占める甲斐国と信濃国は山岳地帯が多く、田畑として利用できる土地が少ないため、面積の割に石高は低くなっています。

いっぽう、織田信長が生まれ育った尾張《おわり》国（現愛知県西部）は面積が小さいにもかかわらず、五七万石もあります。尾張には田畑に適した平野が広がり、河川にも恵まれ水運などの収益も高かったからです。ちなみに、信長のその後の領地のうち美濃国が五六万石、伊勢国が五七万石でした。石高はそのまま国の予算となるわけですから、国力の差、ひいては軍事力の差となって表れてきます。

信玄は他の戦国大名と同様に、家屋の棟数別に賦課する棟別銭《むねべつせん》を徴収していました。これは現在の固定資産税のようなもので、不作の時でも税収を確保できます。信玄は一軒あたり年二〇〇文を徴収しました。米一石を一貫文（＝一〇〇〇文）として計算すると、一軒あたり年二万円の税が課せられたことになります。同時期の戦国大名は年五〇〜一〇〇文に設定するケースが多く、甲斐国の棟別銭は高いほうです。

信玄の収入として特筆すべきは金《きん》です。前述のように、信玄の領地は農産物の生産量が低いため、信玄は金山開発に力を入れていました。領内には二八の金山があったとされており（他説あり）、津具《つぐ》金山（現愛知県北設楽《きたしたら》郡設楽町）からは二四万両分の金が採掘されたと言われています。金一両はおよそ一五グラムですから、二四万両分は三六〇万グラムとなり、金一グラムを五〇〇〇円で計算すると一八〇億円になります。

この時代の金の産出量に関しては明確な数字に乏しく、伝承の域を出ませんが、領内で多くの金が採掘されたことは間違いありません。

少年期の逸話

信玄の父・信虎《のぶとら》の時代、甲斐国は在地領主が乱立していました。その後、甲斐を統一した信虎は、近隣の戦国大名と激しい戦いを繰り広げていきます。

大永元（一五二一）年一〇月、武田家の居館・躑躅ヶ崎館《つつじさきやかた》のある甲府の地に、今川家（北条家の説もあり）家臣の福島正成《くしままさしげ(なり)》の軍勢が迫りました。躑躅ヶ崎館にいた女性と子供たちは、緊急時に立て籠もる詰城《つめじろ》として築かれた要害《ようがい》城（要害山城）に避難します。そのなかに、信虎の正室である大井《おおい》の方《かた》もいました。身重《みおも》の大井の方は要害山に登ることができず、麓《ふもと》の積翠寺《せきすいじ》に滞在したとも言われていますが、一一月三日に出産します。この赤子こそ、信玄です。戦《いくさ》の最中に誕生したことは、のちの信玄の人生を象徴するかのようです。

信玄は利発な子供だったようです。室町時代に成立した往来物《おうらいもの》（手紙の往復形式で文字や知識などの修得をはかる教科書）に、『庭訓往来《ていきんおうらい》』があります。主に、武士の子弟の教育に用いられ、江戸時代も使用されていました。著者は天台宗《てんだいしゅう》の僧侶で儒学者の玄恵《げんえ》と言われていますが、定かではありません。信玄は七、八歳の頃に『庭訓往来』を読むと、数日で内容をすべて覚えてしまったそうです。それを知った教育係の僧は、『孫子《そんし》』『三略《さんりゃく》』など中国の兵法書を教え始めたと伝えられています。

信玄の初陣《ういじん》のエピソードを紹介しましょう。天文《てんぶん》五（一五三六）年、信虎は八〇〇〇の兵で信濃国の海ノ口城《うんのくち》（城主・平賀源心《ひらがげんしん》）を一カ月にわたり攻めるものの落とせず、退却を決めます。しかし、信玄は三〇〇ほどの手勢で引き返すと、一日で落城させたのです。勝利を報告した信玄に対し、信虎は祝福するどころか、勝手なことをしたと叱責したそうです。その後も信虎は、信玄を「小賢《こざか》しい」と認めようとせず、弟の信繁《のぶしげ》ばかりをかわいがったと言います。信玄に嫉妬《しっと》していたのかもしれません。

なお、この逸話は武田氏の戦略・戦術を記した軍学書『甲陽軍鑑《こうようぐんかん》』に記されているのですが、史実ではないとする研究者も少なくありません。ただフィクションだとしても、信玄の利発さ、父との確執を表現しようとした意図を読み取ることができます。

クーデター

武田氏の居館・躑躅ヶ崎館は東西二〇〇メートル・南北一九〇メートル、周囲を濠《ほり》と土塁で囲み、建物の形や配置は足利将軍家の邸宅「花の御所」を参考にしたと言われています。信虎、信玄、勝頼の三代・約六〇年間、居住しました。

天文一〇（一五四一）年、信虎は娘婿である今川義元《いまがわよしもと》に会うために駿河国へ向かい、甲斐国を留守にすると、信玄は国境を封鎖。信虎が帰国できないようにしました。父の追放というクーデターを起こしたのです。親兄弟を殺すことも珍しくなかった戦国時代、一人の犠牲者も出すことなく、家督を略取したきわめて稀なケースと言えるでしょう。

信玄が信虎を追放した理由には諸説あります。よく言われているのは、信虎が対外戦争のために重い税を課し、領民たちが苦しんでいたからというもので、甲斐国都留《つる》郡周辺の年代記である『妙法寺記《みようほうじき》（勝山記《かつやまき》）』に記述されています。

他には、信虎と対立した家臣たちが信玄を担ぎ上げたという家臣首謀説、武田家の発展のために今川義元を意のままに操《あやつ》ろうと信玄と信虎が了解のもと、信虎を駿河国に送り込んだという説、その逆に、信玄と義元の共謀説もあります。ただ、領主が信玄に替わったことを多くの領民が喜んだということは共通しています。

では、今川義元のもとで暮らすことになった信虎の生活はどのようなものだったのでしょうか。天文一二（一五四三）年に京都や奈良、高野山に出かけるなど、自由な隠居生活を謳歌していたようです。多くの女中を抱え、側室との間に新たに子供も儲《もう》けています。

信虎の生活費の一部は、信玄が負担していたこともわかっています。義元から信玄あてに信虎の隠居生活費を督促する手紙が残されているからです。金額がはっきりとわかる史料は見つかっていないため、根拠に乏しいのですが、今の金額にして年一億円ほど送金されていたという説もあります。

山本勘助のスカウト料

家督を継いだ信玄は、小領主や武将が乱立する信濃国への侵攻を開始します。天文一一（一五四二）年に諏訪《すわ》を、三年後には伊那《いな》を平定。続いて、信濃守護・小笠原長時《おがさわらながとき》と北信濃の猛将・村上義清《むらかみよしきよ》と激しい戦いを繰り返しますが、天文一九（一五五〇）年に小笠原長時が逃走。三年後には、村上義清が葛尾《かつらお》城を放棄して越後《えちご》国（現佐渡島《さどがしま》を除く新潟県）の守護代《しゅごだい》・長尾景虎《ながおかげとら》（のちの上杉謙信《うえすぎけんしん》）のもとへ逃れます。これにより、信玄は信濃をほぼ平定しました。

　このような戦いに次ぐ戦いのなか、信玄が大切にしたのが、共に戦う家臣です。信玄の家臣には馬場信春《ばばのぶはる》、山県昌景《やまがたまさかげ》など有名な武将が多いのですが、ここでは軍師として知られる山本勘助《やまもとかんすけ》について触れます。

勘助は合戦における陣の構えや作戦だけでなく、築城から政務まで助言したとされますが、その名は『甲陽軍鑑』にしかなく、研究者の間でも存在が疑われ、創作された人物ではないかとされてきました。しかし近年、勘助の名前が記された信玄直筆の書状など、勘助の存在を裏づけるいくつかの史料が見つかり、その存在は認められるようになりました。それによって、『甲陽軍鑑』の史料的価値も高まりました。

勘助は、信玄の家臣になる前は浪人でした。ある時、築城術に長《た》けた浪人（勘助）がいることを聞いた信玄は、知行《ちぎょう》一〇〇貫文で召《め》し抱えようとします。躑躅ヶ崎館で対面し、勘助の姿（色黒の小男）を見た信玄は「このような外見であるにもかかわらず、その名が知られているのはよほど能力を持った者なのだろう」と考え、倍の二〇〇貫文にしたそうです。

知行を通貨単位の貫文で表す貫高制《かんだかせい》は、鎌倉時代末期から行なわれた表示方法で、石高が土地の生産高を表すのに対し、所領から得られるさまざまな収益を表しています。一貫文を現在の一〇万円として計算すると、勘助の年俸は二〇〇〇万円ということになります。一介の浪人には破格の待遇だったことがわかります。

もう一つ、信玄が家臣を召し抱えた例を示しましょう。元亀二（一五七一）年、駿河国を手に入れた信玄は水軍創設にあたり、伊勢の海賊・小浜景隆《おはまかげたか》を招聘《しょうへい》します。江戸幕府が大名などの系図・略歴を編集した『寛政重修諸家譜《かんせいちょうしゅうしょかふ》』には、信玄が景隆に知行三三五貫九〇〇文を与え、家屋まで用意したと記されています。三三五九万円です。

ちなみに、豊臣秀吉が織田信長に仕官して四年後、はじめて与えられた所領が一五貫文、一五〇万円でした。有能な家臣を得るためには高禄も躊躇《ちゅうちょ》しない、しっかり払うというのが、信玄のやり方だったのかもしれません。その後、勘助は八〇〇貫文、八〇〇〇万円に上がり、景隆は勝頼から三〇〇〇貫文、三億円にまで上がっています。

褒美の相場

信玄は、戦《いくさ》で武勲を立てた者に対して褒美を与えることで、家臣団の士気を保ちました。そのため戦地に赴く際、褒美として与える碁石金《ごいしかね（きん）》を大量に持ち込んでいます。碁石金とは甲斐国で用いられた金貨で、その名の通り金を碁石状にしたものです。重さは一〜五匁《もんめ》（一匁＝三・七五グラム）と不揃いで刻印もなく、貨幣（金貨）というより、小さな金塊のイメージです。

『甲陽軍鑑』には、河原村伝兵衛《かわらむらでんべえ》が伊豆国の韮山《にらやま》城攻めで活躍し、信玄から褒美をもらった様子が次のように記されています。

「碁石金を信玄公自身の両手にすくい、三すくいを彼、河原村伝兵衛に下した」

実際に残されている碁石金は、本物の碁石よりも小さなものが多いようですが、仮に碁石のサイズに統一されていたとして、両手なら一五〜二〇個をすくえます。碁石金の一個の重さは次第に一両（約一五グラム）に近づいていたようですので、ひとすくいで二〇両、およそ三〇〇グラムになります。伝兵衛は約九〇〇グラムの金を褒美として与えられたということになります。金一グラムを五〇〇〇円として計算すると、四五〇万円です。

他方、信玄は身分の高い家臣には褒美として大小の刀、家紋入りの着物などを与えることが多かったようです。碁石金と同様、それらを戦地に持参しています。信玄は「刀や着物を与えられた者は飾ったり、周囲に見せたりする。それを見た者は羨《うらや》ましく思い、『自分も』と奮起するであろう。しかし、金《きん》をもらった者は見せずに懐《ふところ》にしまい、部下に渡すこともない。それでは褒美を渡す意味がない」と考えていたようです。

これは、のちに徳川家康が「自分もやってみようと心がけている」と家臣に聞かせた話として伝えられていますが、人間心理の機微を理解した、巧《たく》みな管理術だと思います。

信玄が整えた貨幣制度

信玄は軍事だけでなく、政治にも優れた手腕を発揮しました。そのなかには後世に伝えられ、現在の私たちの暮らしに結びついているものもあります。

一つは法整備です。信玄は天文一六（一五四七）年六月、「甲州法度之次第《こうしゅうはっとのしだい》」を制定しました。領土が急速に広がったことで土地支配や権利が入り組み、不満や諍《いさか》いが急増したためです。多くの戦国武将が領国統治のために分国法《ぶんこくほう》を制定しましたが、私的な家訓や家臣団を統率する家法《かほう》にすぎないものも少なくありません。しかし、「甲州法度之次第」は訴訟や相続についても記されるなど、現代に繋《つな》がる法体系を整えていると評価されており、その一部は、現在の民法を起草する際に参考にされました。

「甲州法度之次第」には、信玄の言葉「もし私自身がこの法律に背《そむ》いていると思ったなら、身分に関係なく訴《うった》えてきなさい。場合によっては自分自身を処罰する」が記されています。封建制のなか、「法の下の平等」という観念を垣間見ることができる一文です。領主として国を治める信玄の覚悟のほどがうかがえます。

もう一つは貨幣制度の整備です。信玄は前述の碁石金以外に、日本で最初の金貨と言われる甲州金《こうしゅうきん》を流通させ、貨幣制度を確立しました。金四匁を一両《りょう》として、その四分の一を一分《ぶ》、その四分の一を一朱《しゅ》、その四分の一を一糸目《いとめ》としました。このシステムは家康によって江戸幕府にも導入され、その後三〇〇年近く、全国で使われました。

金貨を貨幣として流通させるには、その重量が正確でなければなりません。そのため、信玄は秤《はかり》をつくる優秀な職人を招くと、規格の統一と品質の均一・向上をはからせました。完成した秤は武田氏滅亡後も徳川領内で採用され、江戸幕府の開府後は東国三三カ国で用いられました（西国では銀貨が主流）。

甲州金は江戸時代も鋳造《ちゅうぞう》され、東日本では広く使われていました。甲州金からはいくつかの慣用句も生まれています。たとえば「金《かね》に糸目をつけない」です。前述のように、一糸目は一両の六四分の一の価値しかありません。糸目のようなわずかな金は気にも留《と》めないという意味で使われるようになったとされています。また「太鼓判を押す」もそうです。純度が高く、品質も良い甲州金の一分金《いちぶきん》の刻印が和太鼓の形に似ていることから、「確実である」という保証を意味する言葉になったとされています。

では、金一両は現在の価値でいくらになるのでしょうか。ここまでは金《きん》としての価値を見るために、現在の金一グラムの価格を五〇〇〇円として換算してきましたが、本項では金一両が貨幣としてどれくらいの価値を持っていたか、すなわち価格を探っていきます。

春日《かすが》大社に伝わる天文期（一五三二～一五五五年）後半と思われる文書のなかに、興福《こうふく》寺《じ》が支配していた奈良地域の法として「金子は一〇両が銭二〇貫文」という文章があります。つまり、金一両＝銭二貫文です。また、北条氏の「懸銭定書《かかりぜにさだめがき》」には「黄金は一両が銭一貫五〇〇文とし、この割合で納むべし」と記されています。永禄《えいろく》一一（一五六八）年六月の史料で、懸銭とは郷村の貫高に応じて課された税の一つです。

さらに、織田信長は撰銭令《えりぜにれい》として永禄一二（一五六九）年三月に定精選条々《ていせいせんじょうじょう》と精撰追《せいせんつい》加条々《かじょうじょう》を発しています。そこには、「金一〇両は銭一五貫文」と定められていました。金一両＝一貫五〇〇文です。なお撰銭令とは、商取引などで悪銭を拒み良銭を求める（撰銭）と貨幣流通が滞るため、良銭の基準や悪銭との交換比率を定めたものです。

このように見てくると、この時代の金一両は一貫五〇〇文〜二貫文となります。一貫文を現在の一〇万円として計算すると、一五万〜二〇万円。甲州金の一両を一五万円とすると、一分は三万七五〇〇円、一朱は九三七五円、一糸目は二三四四円になります。

堤防料と信玄堤

『延喜式』を見ると、甲斐国は「堤防料」として稲二万束の治水《ちすい》事業費が計上されています。前章の稲一束＝五〇〇〇円で計算すると、一億円になります。全国的に「堤防料」のような予算がつけられている地域は稀であり、甲斐国は水害の多い地域だったことがわかります。

甲府盆地の西側から流れる御勅使川《みだいがわ》と釜無川《かまなしがわ》の合流地点は、大雨が降るとしばしば洪水に見舞われ、多くの家屋や田畑が流されるなど甚大な被害をもたらし、領民たちを苦しめてきました。そこで、信玄は大規模な治水事業に乗り出します。具体的には、二つの河川の合流地域の竜王《りゅうおう》に全長約一八〇〇メートルの堤防をつくることで氾濫を防ぎ、甲府盆地を通り抜けていた川の流れを甲府盆地の手前で南下させたのです。有名な信玄堤《しんげんづつみ》です。

信玄は堤防をつくるだけでなく、保持・補強にも気を配っています。堤防の脇に竹林をつくると、その根で堤を守ると共に、育った竹を編んで「蛇籠《じゃかご》」と呼ばれる駕籠《かご》をつくります。蛇籠には石を入れて、水際に並べます。そして大きな丸太を組み上げた構造物を川のなかにいくつも置き、それを蛇籠で押さえることで、堤防にぶつかる水の勢いを弱めたのです。この構造物は雄牛が水の流れに逆らって立っているように見えることから「聖《せい》牛《ぎゅう》」と呼ばれており、今も現役で働いています。

この工事費については残念ながら、はっきりした史料は残されていません。ただ、領内の他の治水工事の際には、家臣たちは貫高に合わせて人足を手配するように指示されています。おそらく、信玄提も同様に人を集めて工事にあたったのでしょう。

信玄堤の維持・管理は、竜王の領民に委《ゆだ》ねられることになりました。しかし数年に一度は決壊していた地域ですから、ほとんど住んでいる人がいません。そこで信玄は、竜王に新しく住む人たちの棟別銭を免除することで、新たな集落をつくります。こうして、信玄提は守られ、受け継がれていきました。

上杉謙信の副収入

信玄が信濃国に侵攻を繰り返したのは、領土拡大以外にも理由がありました。信玄にはどうしても欲しかったものがあったのです。それは、湊《みなと》（港）です。

甲斐国に海がないことで、信玄は不利益を被《こうむ》っていました。海がなければ海産物の収益を得ることができませんが、最大の不利益は交易です。隣国以外と交易するには、他国の領土を通過しなくてはならず、通行料のような形で余分なお金がかかるうえ、荷を奪われるなどの危険も伴《ともな》います。そのため、甲斐国では何を買うにも高い金を払わねばならず、売るには他所《よそ》よりも安い値にしなければ売ることができませんでした。物価が高いうえに、商品は安くしか売れないというダブルパンチです。

これを解決するには、港を手に入れるしかありません。港を支配下に置けば、交易がしやすくなるだけでなく、交易船から税を徴収することで大きな利益を得ることもできます。こうして、信玄は信濃の北方、日本海の港を目指します。

しかし、地理的には日本海よりも太平洋のほうが近い位置にあります。なぜ信玄は南の太平洋に向かわず、北の日本海を目指したのでしょう。

理由として考えられるのは、南に構える北条氏や今川氏などの大国ではなく、小国の乱立する信濃を平定して、北の港を手中に収めようとしたことです。もう一つの理由は、当時の海運は日本海が主流だったことです。日本最古の海商法規で室町時代後期の制定とされる『廻船式目《かいせんしきもく》』には、栄えている港として「三津七湊《さんしんしちそう》」が挙げられています。七湊はすべて日本海側の港です。そのうちの一つ越後今町湊《えちごいまままちみなと》（直江津《なおえつ》とも）こそ、信玄が北上する先にある港です。

上杉氏の春日山《かすがやま》城下の外港《がいこう》として発展した今町湊は茶、酒、鉄などを輸入し、越後布《えちごぬの》やその原料である青苧《あおそ》などを輸出していました。越後布は『延喜式』『吾妻鏡』にも記されているように全国的にも知られ、京都や奈良などで高値で取引されていました。

越後には柏崎《かしわざき》にも大きな港があり、上杉氏は二つの港から関税収入を得ていました。税率は積荷の一パーセントほどですが、それでも年間四万貫文にもなったとされています。一貫文＝一〇万円なら、四〇億円ということになります。信玄のライバル・上杉謙信は農作物以外にも、莫大な利益を得ていたのです。

こうして信玄は、今町湊が持つ利便性と大きな利益を求めて、北への侵攻を強めていきました。

火縄銃の価格

信玄に攻められ、信濃国を逃れた村上義清は、前述のように越後国の守護代・長尾景虎に助けを求めます。景虎と北信濃の豪族たちは結束してこれに応えると、北信濃に攻め込みました。両者がぶつかり合ったのが、越後国・甲斐国・上野国を結ぶ要衝の地、川中島《かわなかじま》です。これが、こののち一二年間、第一次から第五次まで（近年では駿河侵攻前の戦いを第六次とする説もある）にわたって繰り広げられた川中島の戦いの始まりです。

信玄はその間に出家し、名をそれまで名乗っていた晴信《はるのぶ》（第一二代将軍の義晴から「晴」を賜った）から信玄と改めています。いっぽうの景虎も、主家の上杉憲政《うえすぎのりまさ》より家督と関東管領職《かんれいしき》を受けて、上杉氏を名乗ります（のちに出家して謙信となる）。

ところで、信玄の戦いは武田騎馬隊のイメージが強く、また信玄亡きあと、長篠《ながしの》の戦いで勝頼が織田信長の鉄砲隊に敗れたこともあり、武田軍は鉄砲を導入せず、時代に乗り遅れたように思われがちですが、そうではありません。実際、鉄砲伝来から一二年しか経っていない天文二四（一五五五）年、第二次川中島の戦いで、武田軍は三〇〇挺《ちょう》の鉄砲を用意していています。

では、信玄が入手した鉄砲、すなわち火縄銃《ひなわじゅう》は一挺いくらぐらいしたのでしょうか。はっきりと示した史料はありません。しかし、のちの秀吉の時代には標準的な大きさの六《ろく》匁玉銃《もんめだまじゅう》一挺が米九石とした複数の資料を見つけることができました（窪田蔵郎著『鉄の考古学』、湯次行孝著『国友鉄砲の歴史』など）。

ここから、信玄時代の鉄砲一挺の相場を一〇石と考えると、三〇〇挺で三〇〇〇石、一石＝一〇万円として三億円という計算になります。しかし、領地に港を持たなかった信玄は、おそらくそれ以上の価格で購入したでしょう。信玄は、謙信との戦いに三億円以上をかけて新兵器を導入していたのです。

勝利祈願の寄進料

信玄は信濃侵攻から川中島の戦いにかけて、各地の寺社に多くの願文《がんもん》（神仏への願いを記した文章）を残しています。そのなかから、お金にまつわるものを見てみましょう。たとえば、永禄元（一五五八）年八月、北信濃の戸隠《とがくし》神社に信濃一円の掌握と上杉氏の滅亡を記した願文を納める際、神社の修理費として五〇貫文、現在の価値で五〇〇万円を奉納しています。

翌年九月には、下郷《しもごう》諏訪《すわ》大明神《だいみょうじん》（生島足島《いくしまたるしま》神社）に川中島の戦いの戦勝祈願をした願文を納めていますが、そこには「願いが成就した際は、永禄二年より一〇年間、毎年青銭《あおせん》（青銅貨）一〇緡《さし》を社殿の修理のために奉納する」と記されています。緡は貨幣に通す糸のことで、一緡で一〇〇文もしくは一〇〇〇文となります。この願文では一〇〇〇文を表していると思われます。毎年一〇緡＝一万文を一〇年間ですから、総額は一〇万文になります。現在の一〇〇〇万円に相当します。

なお、この願文の包み紙には「奉納下郷明神願状　沙弥《しゃみ》」と書かれています。「沙弥」とは、出家していてもまだ正式な僧侶になっていない男性のことで、信玄が出家したばかりの頃であることがわかります。

信玄の残した願文の多くに、占いに関する記述があります。戦いの帰趨《きすう》を占い、良い結果が出たことも出陣の理由の一つとして記載しているのです。信玄は占いを重視したのか、陰陽師《おんみょうじ》の判兵庫《ばんのひょうご》を家臣として召し抱えています。兵庫の知行は一〇〇貫文ですから、一〇〇〇万円になります。

では、川中島の戦いは信玄と謙信のどちらが勝ったのでしょうか。これには、さまざまな見方や説があります。引き分けとする見方、前半は謙信で後半は信玄が勝っていたという見方、信玄は領土を広げたものの人的被害が大きかったので謙信の優勢とする見方、などなど。私は、信玄の辛勝と考えています。信玄の目的は信濃国を手中に収め、日本海に出ることでした。最終的に信濃全土は、信玄の領地になりました。いっぽう謙信は、戦争目的である信濃から信玄を追い払うことができませんでした。信玄の勝利です。

とはいえ、信玄はこの戦いで多くの家臣を失いました。弟の信繁や山本勘助が川中島に散っています。「人は石垣」と言い、家臣を大切にしてきた信玄にとって、大きな痛手となったことは間違いありません。

石高と兵力の関係

戦《いくさ》における、信玄の動員力とはどれくらいだったのでしょうか。動員力は軍役《ぐんやく》から導き出すことができます。軍役とは、武士が主君に対して負う軍事的負担のことで、地行(石高)に応じて人、馬、武器を保持することが求められました。

実際の戦いで、どのような軍役が課されたかは、陣立書《じんだてがき》が参考になります。陣立書とは、戦いにおける軍勢の配置や編制を記したもので、各武将が集める兵の数も示されています。たとえば豊臣秀吉が朝鮮半島に兵を送った文禄《ぶんろく》・慶長《けいちょう》の役《えき》では、朝鮮半島に近い九州の大名は領地一〇〇石あたり五人、中国・四国地方の大名は一〇〇石あたり四人、その他の地域の大名は一〇〇石あたり三人を連れて出陣するよう指示されています。

また、明治二六(一八九三)年に刊行された、陸軍参謀本部編纂の『日本戦史 関原役』では、関ヶ原の戦いの動員兵数を一〇〇石あたり三人という計算式で割り出しています。

江戸幕府も諸藩に対し、軍役を課しました。江戸時代初期に改定を重ね、幕末まで運用していたのです。具体的には、石高を二〇〇石から一〇万石まで三六段階に分け、二〇〇石なら五人(侍《さむらい》一、甲冑持《かっちゅうもち》一、馬口《うまくち》一、小荷駄《こにだ》一、槍持《やりもち》一)、一〇万石なら二一五五人の他に馬一七〇騎、銃三五〇挺、弓六〇張《はり》、槍一五〇本、旗二〇本、などと定められています。

では、戦国時代の石高あたりの動員数はどうだったのか。多くの国が乱立し、それぞれの国に独自の決まりがあるため一概には言えませんが、知行一〇〇石あたり二・五人が一般的だったという見方が多いようです。

信玄も、軍役について記した軍役状を出しています。しかし、そこには派遣する兵の数や用意する武具の数は記されていても、その武将の貫高が記されていないため、どのような基準で派遣する兵の数が割りあてられていたかがわかりません。たとえば、小諸《こもろ》城主だった大井《おおい》高政《たかまさ》は所領貫高が二二八貫文の頃に三八人の軍役が課せられ、信玄の異母弟である武田信実《のぶざね》は所領貫高が三九七貫文の頃に二八人の軍役が課されています。

勝頼の時代になると軍役状に貫高も記されているため、貫高あたりの動員数の見当をつけることができます。残されたいくつかの軍役状を見ると、定納《ていのう》貫高一〇貫文あたり一人の軍役が課されていたようです。同じ頃の北条や上杉の軍役を見ても、おおむね同様の数字になります。なお定納貫高とは、総所領貫高から寺社へ寄進する貫高など経費を引いた、領主の実際の取り分です。

米一石が一貫文ですので、一〇貫文あたり一人で計算すると、軍役は一〇〇石あたり一

○人という計算になり、先に紹介した一〇〇石あたり二・五人を大きく上回ります。しかし、この軍役は定納貫高に課せられたものです。実は、定納貫高は領地ごとに異なりますが、総貫高の三分の一から五分の一になることが多いのです。つまり、領地の総貫高は三〜五倍となります。ここまでの一〇〇石あたりの動員数は総石高での計算でしたので、それにあてはめると、一〇〇石あたり二〜三・三人となります。これを一石＝一〇万円で計算すると、年俸一〇〇〇万円の武士は二〜三人の兵を連れて行かねばならないということになります。

川中島の戦いでもっとも激しい戦いと言われたのが、永禄四（一五六一）年の第四次川中島の戦いです。両軍が動かした兵は武田軍二万、上杉軍一万三〇〇〇と言われていますす。武田氏の領地五五万石、上杉氏の領地四〇万石から計算すると、かなり多い人数です。しかも、自分の領地に守備隊を残すのが普通ですから、川中島にそれほどの軍勢が集結したのかは疑問の残るところです。

織田信長の経済力

長きにわたった川中島の戦い後、信玄は信濃国を支配下に置きます。また、それまで同盟関係にあった今川氏との関係を断ち、駿河国を領有しました。そして、織田信長に対抗するため、石山本願寺《いしやまほんがんじ》、近江国《おうみのくに》（現滋賀県）の浅井長政《あざいながまさ》、越前国《えちぜんのくに》（現福井県北部）の朝倉義景《あさくらよしかげ》らと結びます。いわゆる、信長包囲網です。

元亀二（一五七二）年、織田信長と第一五代将軍・足利義昭との対立が深刻化すると、翌年、信玄は信長・徳川家康の領内に兵を進めます（西上作戦《せいじょうさくせん》）。この先に、天下統一を目指した上洛があったとする見方があるいっぽう、信玄の目的は上洛ではなく遠江国の領国化にあり、そのための局地的な戦いと見る研究者も少なくありません。私の考えは後者です。

いずれにせよ、信玄にとって西上作戦はこれまでの戦いとは異なる大きさと意味合いを持っていたことがうかがえる史料があります。それは領民への課税です。

信玄は西上作戦のために新たな課税をして、軍事費（軍資金）を捻出しました。そこには、これまで課税の対象ではなかった未亡人や妻帯した僧侶なども含まれていたのです。

『甲陽軍鑑』では、この時に掻《か》き集められた軍資金は七〇〇〇両と記されています。一両を前述の一五万円として計算すると、一〇億五〇〇〇万円を急遽《きゆうきよ》集めたことになります。信玄にとって、〝大一番〟の勝負であったことがわかります。

信玄は、信長・家康連合軍を討つにはこのタイミングを逃してはいけないと思っただけかもしれませんが、実はこの時までに何度も体調を崩しています。年齢も五〇歳を超えていることから、残された時間は多くないとの思いが強かったのかもしれません。

では、対する信長はどれくらいの経済力があったのでしょうか。信長の領地の石高が高かったことはすでに述べた通りです。加えて、信長の出身地である尾張国は伊勢湾に面し、水運の要《かなめ》となる津島《つしま》湊と熱田《あつた》湊という大きな港もあり、大きな収益を得ていました。

天下統一のために戦いを繰り返した信長は、城下に家臣を集め（兵農分離）、大量の鉄砲を導入するなど軍事面が注目されがちですが、実は経済に力を入れた武将でもあります。それまで、戦国大名の多くは課税や規制によって収益を得ていましたが、信長は市場開放と規制緩和によって領内の流通を活性化させることで国を富《と》ませようとしました。

その代表例と言えるのが、楽市《らくいち》・楽座《らくざ》です。それまで特権的な販売座席であった市座《いちざ》を廃止し、広く開放したのです。さらに、関銭《せきせん》（通行税）の徴収のために置かれていた関所《せきしょ》を撤廃し、流通の円滑化をはかりました。並行して道路整備を行なうことで人や物の往来を自由にし、経済効果を促進させたのです。

これらの経済活動により、信長は莫大な軍事費を確保します。まさに「富国強兵」です。なお、信長の旗印《はたじるし》に描かれたのは銅銭の永楽通宝《えいらくつうほう》です。信長は、お金を制する者こそ天下を制すると考えていたのかもしれません。

信長は、他の手段でも軍事費を確保しています。たとえば永禄一一（一五六八）年、足利義昭を奉じて入洛した際には交易で栄えていた堺《さかい》に二万貫文、石山本願寺に五〇〇〇貫文という矢銭《やせん》を課しました。矢銭とは安全を保証する代わりに賦課する軍用金です。

改めて、武田氏と織田氏の国力には大きな差があったことがわかります。国力の差は軍事力の差となり、両氏のその後の命運をも分けることになったのです。

元亀三（一五七二）年一〇月、信玄は二万二〇〇〇の大軍を率いて甲府を出立。その後、武田軍は織田・徳川方の城を次々と攻略します。一二月には家康の居城がある浜松《はままつ》に迫ります。しかし、信玄は浜松城への攻撃はしかけず、徳川軍と信長からの援軍を城外の三方ヶ原《みかたがはら》に誘い出します。両軍は激突するも、武田軍の圧倒的な強さに徳川軍は撤退し、わずか二時間ほどで決着がつきました。いよいよ武田対織田の本格的な衝突が始まるか、と思われました。

葬儀の規模をお金で読み解く

元亀四（一五七三）年一月、信玄は三河国にあった徳川方の野田《のだ》城を包囲しました。しかし、陣中で病《やまい》に倒れます。武田軍はやむなく甲府への撤退を開始しますが、その道中、信濃伊那谷《いなだに》の駒場《こまんば》で、信玄は亡くなってしまいます。死因についてはさまざまな説がありますが、近年では胃がんが有力視されています。

信玄の侍医《じい》も務めた武将の御宿友綱《みしゅくともつな》が小山田信茂《おやまだのぶしげ》に送った書状（「御宿監物書状《みしゅくけんもつしょじょう》」）によれば、信玄は死を前にして「自分が存命であれば甲斐に侵攻する国はないであろう。三年間は自分の死を隠すように」と遺言を残したとされています。

家督を相続した勝頼はその遺言を守り、信玄の死より三年が経過した天正四（一五七六）年四月、信玄が菩提寺《ぼだいじ》と定めた甲斐国の恵林寺《えりんじ》で本葬を営みました。葬列は信玄の肖像を先頭に、烏帽子《えぼし》姿の親族と家臣が続き、他に剃髪の衆が数百人もいたそうです。僧侶は位の高い紫衣《しえ》の僧が七人、黒衣《こくえ》の長老が二〇人など一〇〇〇人以上におよんでいます。葬列の通る行道《ぎょうどう》には白い絹が敷かれ、左右には金製の燭台《しょくだい》が並び、集まった人たちは皆、涙を流したとされています。

信玄の葬儀の規模をお金で読み解いてみましょう。具体的にわかるものは僧侶の人数しかありませんが、この僧侶たちにお布施が支払われていたとして、その総額がわかれば、信玄の葬儀がどれほどの金銭的規模で行なわれたかの目安になります。

この時代のお布施の相場がわかる史料を探したところ、信玄が生まれるすこし前の記録ですが、京都の教王護国寺《きょうおうごこくじ》（東寺《とうじ》）に永正《えいしょう》期（一五〇四～一五二一年）の収支計算の記録があり、そこに弔《ちょう》時《じ》の収入を四件見つけました。その金額は一〇〇文、一貫文（二件）、二貫文でした。

また、一休宗純《いっきゅうそうじゅん》ゆかりの大徳寺《だいとくじ》真珠庵《しんじゅあん》には一六世紀の帳簿類が残されており、入牌《にっぱい》料《りょう》（位牌を寺に納めたあとの供養料）など供養による収入は一貫文前後が多く見られました。お布施の額は数百文～二貫文と差はあるようですが、檀家《だんか》の代表となるような檀頭《だんとう》の葬儀となると、おおむね一貫文が相場だったようです。一貫文＝一〇万円とすると、現代のお布施額からも、的外《まとはず》れな金額ではないでしょう。

そこで、この金額を信玄の葬儀にあてはめてみます。信玄の葬儀にはさまざまな僧侶が参加していたようですが、高僧の人数はわずかですので、位によるお布施額の差はないものとして、一律一貫文＝一〇万円として計算すると、信玄の葬儀で僧侶に渡されたお布施の総額は約一億円になります。お布施以外にもさまざまな支出があることを考えれば、信玄の葬儀がいかに盛大なものだったかがわかります。

墓所の謎

信玄の死は三年の間、秘匿《ひとく》とされていましたが、それより前に信玄の死を知った戦国武将は多かったようです。信玄の死は彼らに衝撃を与えました。

天正元（一五七三）年、信玄の死を知った上杉謙信は湯漬けを食べていた箸《はし》を落とし、口の中のものを吐《は》き出したあと、「英雄、人傑とは信玄こそを言う。関東の柱がなくなり、惜しいことだ」と涙を流したことが伝わっています。そして、その日から三日間、越後府中の武士の家では音楽など音を鳴らすことが禁じられました。謙信の命によるものです。

徳川家康は「信玄ほどの武士はいない。実に惜しいことである」と言ったとされています。家康はその後、信玄に仕えた多くの武将を召し抱え、信玄が実施していた政策を取り入れていきました。信玄の業績は江戸時代に残り、今の私たちの暮らしに繋がっているのです。

実は、信玄の菩提寺である恵林寺には信玄の墓所がありません。恵林寺は天正一〇（一五八二）年の武田氏滅亡に際して織田軍の焼き打ちに遭《あ》い、墓所の場所がわからなくなってしまったのです。現在の境内《けいだい》にあるのは信玄一〇〇回忌に建てられた供養塔です。しかし恵林寺には、難を逃れた不動明王《ふどうみょうおう》像が残されています。この不動明王像は信玄が出家する際に自分の姿を写し、剃髪した毛髪を燃やした灰を塗り込んだと伝わるもので、新たに明王殿を建立して安置されました。信玄が眠っているのはこの不動明王像の真下ではないかという説もあります。

また、信玄の死を秘匿していた三年間に葬られていた場所には史跡「武田信玄公墓所」

（現山梨県甲府市岩窪町《いわくぼ》）があり、地域の住民を中心に今も花が手向《たむ》けられています。

信玄はどれほど領地を広げても、最後まで本拠地を甲府から移動させようとはしませんでした。戦略や経済的な利を考えて、次々と本拠地を代えた多くの戦国武将たちとは対照的です。信玄は領土を広げることで得た利益で甲府を発展させ、あくまで本拠地を守ろうとしたのかもしれません。信玄は常に甲斐国を思っていた。だからこそ五〇〇年経った今でも、信玄は山梨の地で愛され続けているのでしょう。

第三章

『忠臣蔵』、討ち入りの金勘定

赤穂事件

徳川将軍家の居城である江戸城は慶応《けいおう》四（一八六八）年、西郷隆盛《さいごうたかもり》と勝海舟《かつかいしゅう》の談判によって無血開城されると、明治新政府の手を経て天皇の住まいとして皇城《こうじょう》、宮城《きゅうじょう》となり、戦後は皇居《こうきょ》と改称され、今に至っています。

かつて江戸城の中枢であった本丸《ほんまる》、二《に》の丸《まる》、三《さん》の丸《まる》があった場所は現在、「皇居東御苑《こうきょひがしぎょえん》」として一般開放されています。将軍の寝所《しんじょ》や大奥《おおおく》が置かれた本丸御殿跡、明暦《めいれき》の大火《たいか》（一六五七年）で焼失以降は再建されなかった天守閣があった天守台、富士見櫓《ふじみやぐら》や警護の同心《どうしん》が詰める同心番所《どうしんばんしょ》や百人番所《ひゃくにんばんしょ》など、現存する建物を見ることができます。

本丸御殿跡の一角に、「松之大廊下跡《まつのおおろうかあと》」の小さな石碑と看板がひっそりと置かれています。江戸城本丸御殿の大広間と将軍との対面所である白書院《しろしょいん》を繋ぐ廊下は、大広間から全長約五〇メートルのL字型で（約一九メートルと約三一メートル）、幅は約四・五（場所により三・六）メートル、一面が畳敷きでした。廊下に沿った襖《ふすま》に松と千鳥の絵が描かれていたことから、「松之大廊下」「松之御廊下」と称されました。

元禄《げんろく》一四（一七〇一）年三月一四日、この場所で大事件が発生します。朝廷からの使者をもてなす勅使饗応役《ちよくしきようおうやく》を務める赤穂藩《あこう》第三代藩主の浅野内匠頭長矩《あさのたくみのかみながのり》が、その指南役である吉良上野介義央《きらこうずけのすけよしなか》に斬りつけたのです。その後、長矩は即日切腹、浅野家は改易《かいえき》（領地没収およびお家断絶）となりました。

翌年、赤穂藩の筆頭家老だった大石良雄《おおいしよしお》（内蔵助《くらのすけ》）が率いる赤穂浪士四七人（一説には四六人）は吉良邸に討ち入ると義央の首を取り、仇討《あだう》ちを果たしました。討ち入りに参加した赤穂浪士全員に切腹が命じられました。この一連の出来事が「赤穂事件」であり、赤穂事件をテーマに描かれた歌舞伎や浄瑠璃《じようるり》の演目が『忠臣蔵《ちゆうしんぐら》』です。

『忠臣蔵』はフィクションですから、おもしろくするために創作されたエピソードも挿入されていますが、長矩は江戸城という公《おおやけ》の場所で刃傷《にんじよう》におよんでいますし、赤穂浪士の討ち入り後には多くの人が取り調べにかかわっているため一次史料が多く、事実に近いエピソードも多く含まれていると考えられています。

二人の経済力を比較

事件の背景を探るには、浅野長矩と吉良義央の関係性を知る必要があります。まずは二人の官位や石高などを比べてみましょう。

浅野長矩は当時三五歳、播磨《はりま》国（現兵庫県南部）赤穂藩を治める藩主でした。位階は従《じゅ》五位下《ごいのげ》、官職は内匠頭です。その系譜を辿《たど》ると、豊臣政権の五奉行《ごぶぎょう》の一人、浅野長政《ながまさ》に行き着きます。長政は、秀吉とは姻戚関係（長政の妻・彌々《やや》の妹が秀吉の妻・寧々《ねね》）にあり、太閤検地の実施や文禄の役の功などから甲斐国に二二万五〇〇〇石を与えられました。関ヶ原の戦いの直前に隠居し、嫡男の幸長《よしなが》が徳川方で参陣します。幸長はその功により紀伊《きい》国（現和歌山県・三重県南部）に三七万六五〇〇余石を、長政には常陸《ひたち》国（現茨城県）に五万石を与えられました。その後は転封などのうえ、長直《ながなお》が赤穂藩の初代藩主となり、長矩まで続くことになります。

いっぽう吉良義央は当時六二歳、旗本《はたもと》（高家旗本《こうけはたもと》）の当主でした。位階は従四位上《じゅしいのじょう》、官職は上野介と左近衛権少将《さこのえごんのしょうしょう》です。幕府からは高家肝煎《こうけきもいり》の役を任されていました。高家とは幕府の儀式・典礼、朝廷への使節、伊勢《いせ》神宮や日光東照宮《にっこうとうしょうぐう》への代参、勅使の接待、朝廷との間の諸礼などを司った家のことで、室町時代から続く名家などが世襲で務めていました。このような儀礼を大切に考えていた家康は、朝廷とのつきあいが長い名家を庇護したのです。それら高家諸氏を差配し、職務を主宰したのが高家肝煎です。

鎌倉時代から続く吉良家は足利将軍家の血を引く一族で、「御所（足利将軍家）が絶えれば吉良が継ぎ、吉良が絶えれば今川が継ぐ」と言われた名門でした。足利家の没落と共に吉良家も弱体化していきますが、家康の祖父が娘を吉良家に嫁がせていたこともあり、吉良家は江戸幕府に取り立てられるようになります。義央は上杉謙信を祖とする米沢《よねざわ》藩・上杉家の娘を正室としていたこともあり、名門意識を強く持っていたようです。

二人を比べると、位階では義央のほうが五つも上です。しかし、この時代は位階や官職に俸禄などが伴うことはありません。つまり、地位の高さを示すことはできても、収入に繋がりませんでした。

次に、両者の経済力を比較してみましょう。赤穂藩は前述のように、初代藩主は長直です。その就任は正保《しょうほう》二（一六四五）年、所領は五万三〇〇〇石でした。その後、長矩の父で第二代藩主の長友《ながとも》の代に所領の分与が行なわれて赤穂藩の所領は五万石となり、そのまま長矩に引き継がれました。これまで通り米一石＝一〇万円で計算すると、毎年五〇億円の税収があったということになります。さらに、赤穂藩は塩田開発に力を入れており、製塩事業でも莫大な収益を得ていました。

いっぽう、義央の所領は、三河国幡豆《はず》郡吉良庄《きらのしょう》周辺の三二〇〇石と上野国緑野《みどの》郡と碓氷《うすい》郡の一〇〇〇石と合わせて四二〇〇石。これに高家肝煎としての役高《やくだか》（役職に応じて支給される禄高）二〇〇〇石を加えると六二〇〇石になります。現在の価値に直すと六億二〇〇〇万円です。

このように経済力では圧倒的な差がありました。また、赤穂藩五万石の藩主である長矩が大名であるのに対し、所領が一万石以下である義央は旗本という立場です。しかし、官位では吉良が上位です。このような逆転現象はよくあることでした。

たとえば「はじめに」でも触れたように、石高が高く経済力のある外様大名には幕府の要職を与えず、譜代大名は幕府で要職に就くことができても、多くの石高を与えませんでした。幕府は石高と職務でバランスを取ることで、大名を統制したのです。

「この間の遺恨」を推理する

江戸幕府は毎年一月、朝廷に年賀の挨拶をしていました。朝廷は返礼として勅使を二〜

三月に派遣し、それを迎える儀式が江戸城で数日間にわたって行なわれます。浅野長矩が刃傷沙汰を起こしたのはその最終日、三月一四日でした。長矩は吉良義央に「この間の遺恨覚えたるか」と言って、斬りつけたと伝わっています。では、「この間の遺恨」とは何なのでしょうか。

長矩は取り調べにおいて、最後までその理由を話さなかったとされています。事件にかかわった人物の証言も多く残されていますが、それを示す史料は見つかっていません。また、浅野家の家臣も刃傷の原因について何も語っていないことから考えて、長矩は誰にも理由を話さなかったのでしょう。

いったい、二人の間に何があったのでしょうか。現在までさまざまな説が残されていますが、そのいくつかを紹介しましょう。

まずは、長矩が突発的に激昂《げきこう》したというものです。長矩はもともと怒りに我を忘れ、理性的な対応ができなくなるタイプだったのではないか、という説です。この説が流れるのには理由があります。それは本件から遡《さかのぼ》ること二一年、延宝《えんぽう》八（一六八〇）年六月に起きた事件です。

場所は芝《しば》の増上寺《ぞうじようじ》。その日は第四代将軍・家綱《いえつな》の四十九日法要が行なわれていました。事件が起きたのは午後三時頃、法要を執り行なう奉行《ぶぎよう》を務めていた志摩《しま》国（現三重県中東部）鳥羽《とば》藩主の内藤忠勝《ないとうただかつ》が、同じく奉行の丹後《たんご》国（現京都府北部）宮津《みやづ》藩主の永井尚長《ながいなおなが》を斬りつけ、殺害したのです。二人の間に不和があったとされていますが、幕府の公式史書『徳川実紀《とくがわじつき》』には、忠勝が失心《しつしん》（正気を失うこと）して事件を起こしたと記されています。

実は、忠勝は長矩の叔父（母の弟）にあたる人物なのです。つまり、長矩が怒りに我を忘れたのは血筋のせいではないかというわけです。ただ、この説では長矩が怒った理由がわかりません。

次は、「塩」を原因とする説です。赤穂藩が製塩に力を入れていたことは先に記しましたが、義央の領地である三河国幡豆郡も製塩の盛んな地域でした。義央は、製塩技術の進んでいた赤穂藩の藩主である長矩に製塩法の指導を願い出るも断《ことわ》られ、それに対する恨みから勅使饗応役の指導で嫌がらせをし、長矩に恥をかかせたというものです。

ただ、この説を否定する研究者もいます。刃傷事件のあった頃、三河国で製塩をしていたのは吉良領ではなく、別の場所であり、義央は製塩法の指導を頼むことはないというのです。しかし、同じ地方で製塩をしているなら、「自分の領地でも始めよう」と考えても不思議ではありません。一つの説として捨て去ることはできないでしょう。

他には、義央が長矩の正室・阿久里《あぐり》に思いを寄せていた説、書画骨董の鑑定で衝突した説などがありますが、どれも想像の域を出ていないように思います。そのようななか、古くから伝わり、もっとも有力と考えられているのが、賄賂《わいろ》を原因とする説です。

付け届けの相場

浅野長矩が吉良義央に賄賂を渡さず、嫌がらせをされたことは伝聞調ではありますが、『徳川実紀』も記しています。

「賄賂」という言い方をすると不当なお金のように思うかもしれませんが、けっしてそうではありません。前述のように、高家は儀式に参加する大名に礼儀作法を指南するのが役目であり、指導の際には相応の謝礼を受けることが黙認されていました。石高が低い高家旗本にとっては、重要な収入源でもありました。つまり、「賄賂」というよりは「付け届け」の意味合いが強かったのです。

賄賂（付け届け）説には、複数の見立てがあります。いっさいの進物をしなかったというもの、進物はしたけれど少なかったというもの。長矩は儀式の前に形だけの進物をして役目終了後に多くの進物をしようと考えていたというもの、などです。

付け届けの金額を記したものもあります。長矩と同じ時に義央から饗応役の指南を受けた伊予国《いよ》（現愛媛県）吉田《よしだ》藩主の伊達宗春《だてむねはる》は指南料として大判《おおばん》一〇〇枚を渡し、長矩は大判一枚しか渡さなかったというのです。

この大判は現在の価値にするとどれくらいになるのでしょうか。まず、この大判は刃傷事件の日付から、元禄八（一六九五）年に発行された元禄大判《げんろくおおばん》と考えられます。元禄大判には「拾両」と記されているものが多いのですが、これは一両小判一〇枚分の価値というわけではありません。造幣局が著した昭和一五（一九四〇）年刊行『貨幣の生ひ立ち』によれば、この「拾両」は砂金の重さを表し、約四四匁（一六五グラム）になります。元禄大判の貨幣価値は変動したものの、元禄期を通じて七両二分〜八両二分で取引されました。ここでは七両二分とします。

次に、当時の一両を現在の価値に直します。過去のお金を現在のお金に置き換えるには、物の価格（物価）、物価上昇率、賃金などで換算する方法があります。ただし、現在の賃金は過去の歴史と比べるとかなり高く、異常値となってしまうので物の価格、それも米やそばなど今でも私たちの生活に身近な食べ物をベースに計算することにしました。

取り上げる物がいつの年代か、また現在の価格をいくらに設定するか。これらによって、一両には七万五〇〇〇円から一三万円の開きが生まれました。ただ、歴史上のお金を感覚的に摑《つか》むにはわかりやすさも必要です。そこで、江戸時代の一両＝一〇万円とします。

江戸時代の約二六〇年間を同じ金額とすることに疑問を持たれるかもしれません。これについては、人口面から説明します。幕府が開かれ、江戸を政治・経済の中心とした国づくりが進むことで戦いや病気などが減り、慶長五（一六〇〇）年頃に一二〇〇万人ほどだった人口は、享保《きようほう》六（一七二一）年には二六〇〇万人に膨《ふく》れ上がりました。しかし、その後の増加は緩やかになり、弘化《こうか》三（一八四六）年で二七〇〇万人弱でした。

鎖国をしていましたから対外要因を省くとして、国全体の経済力や人口が大きく変わらなければ、貨幣価値が大きく変動することはないと考えていいでしょう。

時代の進み方も考えてみましょう。これは極端な推論ではありますが、現代は電子技術などからもわかるように、江戸時代の一〇倍以上のスピードで社会が変化しています。ということは、二六〇年以上あった江戸時代も、平成の三〇年間ほどの変化しかしていないことになります。たとえば、マクドナルドのハンバーガーの価格は平成のはじめと終わりで大きな差はありません。江戸時代の緩やかな変化であれば、やはり貨幣価値が大きく変動するとは考えられないのです。

このように、元禄大判一枚を七両二分として、一両＝一〇万円から計算すると、(元禄)大判一枚は七五万円となります。つまり、義央への付け届けは伊達宗春が七五〇〇万円、長矩が七五万円になるわけです。

義央が相応の付け届けは当然と考えていたなら、長矩の金額に不満を抱いたであろうことは想像に難くありません。いっぽう、藩主として藩財政を考えなければならない長矩にすれば、無駄な出費は避けたい。三四歳とまだ若かったこともあり、「饗応役の指南は高家の仕事であり、付け届けなど無用である」と考えたかもしれません。

二人の間にある大きな隔《へだ》たり、「この間の遺恨」の理由はここにあると考えるのが妥当なように思います。もちろん、新たな史料が出てくれば変更の余地は十分にあります。

早駕籠の価格

午前一一時頃に刃傷におよんだ長矩はその場で取り押さえられ、江戸城内で詮議を受けることになります。

その間、江戸詰《づめ》の赤穂藩士たちは詳しいことがわからないまま、国元に状況を知らせるため、早駕籠《はやかご》（早打駕籠《はやうちかご》）を出します。午後三時半頃のことです。馬廻役《うままわりやく》の早水満尭《はやみみつたか》（藤《とう》左衛門《ざえもん》）と中小姓《ちゅうこしょう》の萱野重実《かやのしげざね》（三平《さんぺい》）が、長矩の弟で寄合《よりあい》（三〇〇〇石以上で無役の旗本）として江戸にいた長広《ながひろ》（大学《だいがく》）の書状を携え、赤穂に向かいました。通常一六日かかるところ、四日半で到着しています。

このような速度を可能にする早駕籠のシステムについて説明しましょう。まず、先触《さきぶれ》状《じょう》で通過する宿場《しゅくば》の問屋《といや》（宿役人《しゅくやくにん》）に、人足の必要数や予定日時などを通告します。それを受けた問屋は人足を手配して待機し、早駕籠が到着するとすべての人足を交代させてリレーで繋いでいきます。つまり一つの行程を分業し、また交代に要する時間を短縮することで、最短時間を目指すわけです。

当然ですが、担《かつ》ぎ手は交代しても乗者は交代しません。激しく揺れる駕籠に乗り続けることは命がけでした。交通史研究会会員の櫻井芳昭《さくらいよしあき》さんの著書『駕籠』によれば、乗者は身を守るために「早打扮装《はやうちごしらえ》」と言われた特別な準備をします。具体的には白木綿《しろもめん》の鉢巻きをして頭を護《まも》り、内臓を揺れから防ぐために帯状のさらし木綿一反をきつく巻きます。駕籠には布団を敷いて揺れを抑えます。また、舌を嚙《か》まないよう口に布を咥《くわ》え、天井から吊《つる》した紐をしっかり握ると、中腰になって駕籠のリズムに合わせて振り落とされないようにしました。

過酷な旅だったからでしょうか、『忠臣蔵』の映画やドラマではこのシーンが描かれることが多いようです。現在、赤穂市にはこの時の様子を模《かたど》った「早駕籠の像」が置かれ、二人が赤穂城下で水を飲んだ「息継ぎ井戸」も残されています。

そうまでして、なぜ駕籠で移動しなければならなかったのでしょうか。事情を知らせるだけなら飛脚《ひきやく》で文《ふみ》を届ければいいですし、馬を使えばもっと早く着きます。しかし、事《こと》はお国の一大事であり、書状を届けるだけでなく、直接かつ詳細を伝えなくてはならないと考えたのでしょう。実はこの時、概略を伝える書状を別に飛脚に託していました。早駕籠はそれを追うようにして江戸を出たのです。しかし、その飛脚が赤穂に着いたのは早駕籠が着いた翌日でした。

また、馬で街道を走るにはさまざまな規制がありました。事前に許可を取る必要もあり、急ぎの用には不向きだったのです。

では、江戸から赤穂までの早駕籠の料金はいくらだったのでしょうか。駕籠は旧来、身分の高い人が乗るものでした。それが庶民にも開放され、次第に江戸市中を走る駕籠も増えていきました。それでも、日本橋《にほんばし》から新吉原大門《しんよしわらおおもん》までの約五キロメートルが文化《ぶんか》期（一八〇四～一八一八年）には金《きん》二朱《しゅ》（一朱＝一六分の一両）、現在の金額にして一万二五〇〇円もしました。比較的裕福な人の乗り物だったことがわかります。

早水と萱野が乗った早駕籠の料金について、はっきりと記している史料はありません。しかし、赤穂事件から一〇年ほどあとの正徳《しょうとく》期（一七一一～一七一六年）の史料には、江戸・京都間の料金は人足一人につき三貫二八五文だったと記されています。早駕籠一台には十数人の人足が携わりますから、仮に一二人とすると三九貫四二〇文になります。当時は四〇〇〇文（四貫）＝一両でしたから約一〇両、一〇〇万円になります。また江戸・京都間は約五〇〇キロメートル、そこから赤穂までは約一五〇キロメートルですから、単純計算で一三〇〇万円です。早水と萱野の二台で二六〇〇万円ということになります。

二人が赤穂に着いた数時間後、追うように次の早駕籠が赤穂に到着します。それは、長矩の切腹と赤穂藩・浅野家の改易を伝えるものでした。

即日切腹の顚末

詮議の終わった長矩は午後三時に江戸城を出ると、陸奥国の一関藩《いちのせき》（藩主は坂上田村麻呂の末裔とも言われる田村建顕《たむらたけあき》）の藩邸に移されます。この時、長矩は大名が出入りする大《おお》手門《てもん》ではなく、本丸の北に位置する平川門《ひらかわもん》から江戸城を出ています。平川門は死人や罪人を運び出すことから「不浄門」とも呼ばれていました。一関藩邸があったのは、大名屋敷が多く立ち並ぶ愛宕下《あたごした》、現在の東京都港《みなと》区新橋《しんばし》四丁目あたりです。

この日、江戸城の詰所にいた建顕は事件を知って出ていく者もいたなか、一人で部屋に残っていました。そこに老中《ろうじゅう》の土屋政直《つちやまさなお》が来て、長矩を預かることになったのです。建顕は、幕府の沙汰が下るには時間がかかり、何日にもおよぶかもしれないと考え、長矩のために布団など生活用品一式を用意しました。屋敷に到着した長矩に一汁五菜《いちじゅうごさい》の食事も用意したところ、長矩は湯漬けを二杯食べたと言います。

ところが、一時《いっとき》も待たずに切腹の沙汰が届きます。長矩は五万石の大名ですから、格式に則り、建顕は屋敷内に切腹場所を設けました。しかし、大目付《おおめつけ》の庄田安利《しょうだやすとし》に庭先を指示されます。建顕が中庭に簡単な切腹場を設けると、長矩はそこで腹を切りました。建顕はその後、大名を庭先で切腹させたとして親戚から「縁を切る」と言われたり、城内で陰口を叩かれたりするなど、苦労したようです。

いっぽう、義央は額《ひたい》と背中に傷を負ったものの命に別状はなく、詮議の結果「お咎《とが》めなし」となりました。将軍の綱吉《つなよし》からの見舞いの言葉も受けています。

室町時代後期以降、武家同士の争いは理非にかかわらず、当事者双方を処罰する「喧嘩《けんか》両成敗《りょうせいばい》」が慣習でした。にもかかわらず、なぜ一人は切腹、もう一人は処罰なしだったのでしょうか。それは、事件の状況が重視されたからです。

長矩は義央との口論もなく、松之大廊下でいきなり斬りつけています。対して、義央は抵抗することなく逃げており、喧嘩と見なされなかったと思われます。実際、詮議の際も、吉良が刀に手をかけていないことが慎重に確認されています。もともと城内で刀を抜くことは固く禁じられており、ましてや天皇から勅使を迎えている最中のことでもあり、幕府側の怒りも相当大きかったようです。

赤穂藩の清算

赤穂藩筆頭家老の大石内蔵助のもとに、長矩の切腹と浅野家改易の報が届いたのは、事件から五日後の三月一九日のことでした。内蔵助はその日のうちに藩士の総登城《そうとじょう》を命じ、事件のあらましを伝えます。

翌日、内蔵助が着手したのは藩札《はんさつ》の回収です。藩札とは藩内で発行・通用した紙幣で、金貨に交換できる金札《きんさつ》、銀貨に交換できる銀札《ぎんさつ》、銭貨《せんか》と交換できる銭札《ぜにさつ》などがありました。多くの藩で財政難から藩札を発行しており、赤穂藩でも銀札を発行していました。しかし、浅野家が改易になれば藩札は紙屑《かみくず》同然となり、領民を苦しめることになります。そこで内蔵助は、藩札の回収を急いだのです。

赤穂藩の藩札の発行高は銀九〇〇貫目におよんでいました。銀一貫目は銀一〇〇〇匁にあたります。金《きん》一両＝銀六〇匁が相場でしたから、銀九〇〇貫目は金一万五〇〇〇両、現在の金額にして約一五億円になります。いっぽう、引き替えにあてられる銀は藩に七〇〇貫目しかありませんでした。そこで内蔵助ら家臣が行なったのは、藩札を額面の六割で交換する「六分替え」です。この比率は、改易のケースではかなりの高率です。これによって藩の体面を保ち、また経済の混乱を避けることができました。

三月二七日から二九日にかけては、藩士を城内に集めて大評定が行なわれました。藩士たちの間には吉良が処罰されなかったことへの不満が強く、「籠城して抗議すべし」「城の前で皆で殉死して吉良への処罰を幕府に考え直させよう」などの意見が出たようですが、結局、浅野家の再興を念頭に無血開城することになりました。

四月に入ると、内蔵助は藩の財産の清算を始めます。藩で所有していた船、武具、材木など、幕府に返上するもの以外はすべてお金に換えています。

こうして用意できたのは、俸禄として支給予定だった米一万七八三六石（言わば〝最後の給与〟)、藩の財産などを処分して得た米一二五二石と金四七三五両二分と銀一一貫一八〇匁(言わば〝退職金〟)でした。

〝退職金〟を藩士三〇〇人にどのように分配するかについては、意見が割れました。内蔵助は均等割を提案しましたが、石高に応じて配分すべしとの声も強くありました。そこで、内蔵助は禄高一〇〇石ごとに一定の分配額を決め、一〇〇石増えるごとに分配額が減っていく形式を取りました。禄高の多い者のほうが、少ない者より、支給の割合が減ることになります。ちなみに、内蔵助は〝退職金〟を受け取っていません。

〝最後の給与〟と〝退職金〟を合算して金《きん》に換算してみましょう。米が一万九〇八八両、銀が一八六両一分となり、金四七三五両二分を加えて合計二万四〇〇九両三分となります。現在の貨幣価値で二四億九七万五〇〇〇円です。一人平均八〇〇万円になります。それなりの金額に思えますが、武士は使用人を抱えており、その人たちにもお金を払わなければならなかったことを考えれば、十分な額ではなかったでしょう。そのうえ、住んでいた赤穂から出ていかなければなりません。新生活を始めるにあたって、不安しかなかったと思います。

討ち入りの軍資金（収入）

四月一九日、諸藩の軍勢に囲まれるなか、内蔵助ら家臣は赤穂城を幕府に明け渡しました。その後、赤穂や江戸藩邸を離れた旧藩士たちは離散しますが、内蔵助を中心に手紙などで連絡を取り合います。その際に交《か》わされたのが、「旧浅野家家臣として何をすべきか」です。

意見は大きく二つに分かれます。一つは浅野家の再興を一番に考え、長矩の弟・大学を新たな藩主にする運動を起こすというもの。内蔵助らの意見です。もう一つは堀部武庸《ほりべたけつね》（安兵衛《やすべえ》）を筆頭に、吉良義央の首を取り仇討ちを果たすべきというものでした。江戸詰の安兵衛は無血開城を決めた大評定に参加しておらず、その決定に納得していなかったのです。

事件により所領三〇〇〇石を召し上げられ、閉門《へいもん》（門を閉じて窓を塞《ふさ》ぎ、昼夜出入りを禁じた刑罰）を命じられていた大学は元禄一五（一七〇二）年七月、許されると同時に旗本の身分を失い、広島藩・浅野本家の預かりという処分が決定しました。これにより内蔵助は浅野家再興を断念、仇討ちへと舵《かじ》を切るのです。

そこで必要になるのが討ち入りの軍資金、具体的には討ち入りまでの浪士たちの生活を支えるお金です。内蔵助はどれくらいお金を持っていたのでしょうか。

前述のように、内蔵助は藩清算の際、藩士たちに〝退職金〟を渡しています。実はこの時、全部を分配したわけではなく、浅野家の再興および仏事のためのお金を残していました。その額は金三九〇両二朱、銀四六匁九分五厘です。さらに、長矩の正室で出家した瑤《よう》泉院《ぜんいん》からも三〇〇両を預かっていました。

これは瑤泉院が輿入《こしい》れした際に、実家である三次《みよし》藩（広島藩の支藩）・浅野家から化粧料として持参した一〇〇〇両の一部です。もともと赤穂の塩田に貸し付け、その利子を私的な支出に使っていたのですが、改易の際に内蔵助が元金を回収し、そのなかから今後のためにと三〇〇両を預けられていたのです。つまり、内蔵助が使えるお金は合計で金六九〇両二朱と銀四六匁九分五厘、金に直すと約六九〇両三分二朱になります。現在の価値に直すと約六九一〇万円です。

ここまでに仏事やお家再興のために一九三両を使い、他にも江戸との往復の旅費などにも使われてきました。その残されたお金をもとに、内蔵助たち赤穂浪士は吉良義央の首を狙うのです。

討ち入りの費用（支出）

　赤穂藩が改易となってから、吉良邸への討ち入りまでは一年九カ月あります。この間、内蔵助は主に前述の軍資金約六九一〇万円でやりくりしたわけですが、その使い道はどのようなものだったのでしょうか。今度は、討ち入りまでにかかった費用（支出）を見ていきます。

　もっとも多く使われたのは、旅費・逗留費で二四八両を使っています。現在の価値に直すと約二四八〇万円、軍資金の約三六パーセントを占めています。赤穂から江戸に向かうと旅費と逗留費で一人あたり三両かかりました。何度も往復している者もいますし、討ち入り前には赤穂から多くの浪士が江戸に集結しましたから、この金額は仕方ないかもしれません。

　次に多かったのが浪士たちへの生活補助費で、約二〇パーセントです。浪士たちのなかには剣術を教えたり、商売を始めたりして生活費を稼ぐ者もいましたが、多くの者は無収入でした。前述のように〝退職金〟もありましたが、月日が経つごとに減っていきます。

彼らは生活が苦しくなると内蔵助を頼ります。そして、「飢渇《きかつ》におよんだ」「勝手差し詰まった」「拠《よ》ん所《どころ》なき入用のため」などと述べたり、手紙に記したりしました。そのたびに内蔵助は二万円から三〇万円ほどを渡しました。また「食費が足りない」と言う者には飯料《はんりょう》として一カ月金《きん》二分、五万円を渡しました。「家賃が払えない」者も同様です。

総額は一三二両一分、一三二三万五〇〇〇円となります。かなりの額のようにも思えますが、一年九カ月間を討ち入りに参加した人数だけで均等割しても、一人あたり一カ月一万三五〇〇円にしかなりません。潜伏生活を送っていた浪士たちがぎりぎりの生活を送っていたことがわかります。

浪士たちは仇討ちまでの間に多くの手紙を残しています。名前を長江長左衛門《ながえちょうざえもん》と変え、道場を開いていた堀部安兵衛は知人に「粥《かゆ》を食べても武士の意地は貫《つらぬ》く」と記しています。また、内蔵助の遠縁の大石信清《のぶきよ》（瀬左衛門《せざえもん》）は冬に向かう季節に薄手の着物しか持っておらず、「袷《あわせ》の着物がなくて本当に困っている。着物を買うお金を貸してくれないか」とお金を無心する手紙を送っています。浪士のなかには餓死寸前だった者もおり、その苦しさに耐えられず、討ち入りをあきらめた者もいました。

このような状況から考えて、討ち入る日は軍資金の残金も考慮して決められたと思われます。必ず成功させられる日を探しながらも、これ以上は延《の》ばせないというところまで追い込まれていたのかもしれません。

それでは、討ち入りに使用された武具の調達や修理にはどれくらい使われたのでしょうか。実は二パーセントにも満たない一二両、一二〇万円でした。とても少ないですが、これには理由があります。

藩がなくなり、浪人となっても武士という身分に変わりはなく、皆、大小の刀は持っていました。また、討ち入りの際には先祖伝来の刀を使う取り決めもありました。つまり、武士として最低限の武具を備えていたため、装備費が嵩《かさ》まなかったのです。なかには、刀を質入れしている浪士もいましたが、内蔵助がお金を都合して引き出させています。

討ち入り前に購入した武器としては弓、槍、長刀《なぎなた》があります。たとえば、武林《たけばやし》隆重《たかしげ》（唯七《ただしち》）に長刀を一両（一〇万円）で、横川宗利《よこがわむねとし》（勘平《かんぺい》）に頭を守る鉢金《はちがね》と衣服の下に着用する鎖帷子《くさりかたびら》を一両二分（一五万円）で買い与えています。今では高価な美術品や骨董品として扱われることが多い武具ですが、当時は実用品であり、それほど高価なものではなかったのです。

とはいえ、食費を削《けず》るなど苦しい生活をしていた浪士たちも、武具にはしっかりとお金をかけていたことがわかります。そこには、何としても「吉良の首を取る」という決意が感じられます。

いざ討ち入り

元禄一五（一七〇二）年一二月一四日、赤穂浪士四七人は三班に分かれ、吉良義央邸そばに潜伏していた堀部安兵衛、杉野次房《すぎのつぎふさ》（十平次《じゅうへいじ》）、前原宗房《まえはらむねふさ》（伊助《いすけ》）の家（潜伏場所）に集まります。そこで準備を整えると、最終的に堀部宅に集結。一五日午前四時頃、吉良邸に向かったとされています。しかし、前原宅は吉良邸の門近くにあり、堀部宅と杉野宅は吉良邸から約六〇〇メートル離れていましたから、堀部宅で二班が集合し、前原宅に向かったと考えるのが自然なように思います。

吉良邸は東西七三間（約一三四メートル）、南北三四間（約六三メートル）の二五五〇坪（約八四〇〇平方メートル）という広大な屋敷でした。現在は、その跡地の一部に三〇坪ほどの公園が残されています。

実は前年八月、吉良邸は場所を替えています。それまで義央は、大名屋敷の多い呉服橋《ごふくばし》（現東京都中央区八重洲《ちゅうおうやえす》。以下二三区は東京都を略する）に、米沢藩・上杉家の養子となっていた実子の綱憲《つなのり》が二万五〇〇〇両（二五億円）を投じて建築した二七〇〇坪の屋敷に住んでいました。しかし幕府は刃傷事件後、その屋敷を召し上げると本所松坂町《ほんじょまつざかちょう》（現墨田区《すみだ》両国《りょうごく》）に移るよう命じたのです。当時、赤穂浪士が討ち入りをしやすいように郊外に移したという噂も流れたようです。そこまで言えるかは別として、江戸城近くで騒動を起こさせないようにとの思惑はあったかもしれません。

浪士の一人である小野寺秀和《おのでらひでかず》（十内《じゅうない》）は、吉良邸に向かった時のことを「前日に降った雪に霜《しも》が凍《こお》って、歩きやすかった。人目を避けて提灯《ちょうちん》や松明《たいまつ》を灯《とも》せなかったが、月が出ていたために道を間違えることなく吉良邸の辻《つじ》まで辿り着けた」と書状に残しています。四七人は吉良邸に着くと、表門と裏門の二手に分かれ、いっせいに討ち入りました。

そして壮絶な戦いの末、炭小屋に隠れていた義央を見つけると、首級《しるし》を挙げたのです。

吉良邸には当時、一〇〇～一五〇人の家臣が詰めていました。吉良方の被害は残された記録によって違いはありますが、事件後早い時期に編纂された『江赤見聞記《こうせきけんもんき》』によれば死者一六人、負傷者二一人とされています。いっぽう、赤穂浪士は死者なし、負傷者四人でした。赤穂浪士の完勝です。

家臣が寝静まっていたなかでの襲撃に加え、飛び出した者は戸口に構えていた浪士たちによって、次々と斬られたため、多くの者が建物から出られなかったようです。そのため、吉良方で実際に戦うことができたのは四十数人でした。

また、赤穂浪士は鎖帷子などを装着しており、吉良方の「こちらの刀では斬れなかった」という証言も残されています。浅野方の負傷者の一人に、前述の横川宗利がいます。横川は刀傷を負っていたそうですから、もし装備がなければ命を落としていたかもしれません。これらから、内蔵助らが綿密に計画を立てていたことがわかります。

新証言を発掘

討ち入りに成功した内蔵助ら赤穂浪士は、上杉家から来る援軍に備えるため、吉良邸の西側にある回向院《えこういん》に立て籠もろうとしますが、回向院に立ち入りを断られます。回向院にすれば、境内での斬り合いは避けたいですから、当然でしょう。

その後、援軍が来る気配がなかったため、内蔵助たちは亡き主君・浅野長矩が眠る泉岳《せんがく》寺《じ》(現港区高輪《たかなわ》)に向かいます。本来なら両国橋《りようごくばし》を渡って江戸城付近を南下する道を行くところですが、大石らは隅田川《すみだがわ》を南下して永代橋《えいたいばし》を目指しました。この日は、月に一度の総登城だったため、大名や旗本たちと出くわすことを避けたのです。

浪士たちが休息を取ったのは永代橋の袂《たもと》にある、ちくま味噌です。ちくま味噌の初代・竹口作兵衛松方《たけぐちさくべいよししも》は赤穂浪士の大高忠雄《おおたかただお》(源吾《げんご》)と俳諧仲間で、松尾芭蕉《まつおばしょう》の高弟・宝《たから》井其角《いきかく》の門下でした。事情を悟った作兵衛は一同を招き入れると、甘酒をふるまいます。甘酒は江戸時代の後半、栄養ドリンクのように夏バテ予防に飲むものとして大流行しましたが、この頃はまだ冬に飲まれるのが一般的でした。体が温《あたた》まり、疲れが取れるとして人気があり、一杯四文、一〇〇円程度で売られていました。

ここで、番組収録の際に得た貴重な証言を紹介しましょう。その証言とは、株式会社ちくま味噌の代表取締役である第一七代・竹口作兵衛さんによるものです。

その日、ちくま味噌では新たな蔵をつくるための上棟式《じょうとうしき》が予定され、多くの使用人が朝早くから料理や酒の準備をしていました。そこに、討ち入りを終えた赤穂浪士が来たのです。彼らは返り血を浴びた服で刀や槍を携え、打ち落としたばかりの首も掲げていました。その異様な姿に使用人たちは恐れおののき、言われるままに料理を出したのです。報せを聞いて駆けつけた初代・竹口作兵衛は大高源吾を見て、すべてを理解しました。そうして、浪士たちの労をねぎらったそうです。ふるまったものも甘酒ではなく、酒だったようです。酒をふるまったことが幕府に知れると面倒なので、甘酒と伝えたということです。

休息を終えた浪士たちは永代橋を渡り、旧浅野屋敷の前を通って増上寺の前を抜け、泉岳寺に到着しました。そのまま長矩の墓に向かうと、墓前に吉良の首を手向け、仇討ちを報告したのです。その後、彼らは大名四家に分かれてお預けとなり、元禄一六（一七〇三）年二月四日、幕府から切腹を言い渡されると、その日のうちに全員が主君のもとに旅立ちました。

泉岳寺には浅野長矩と四七士の墓があり、今も墓参りに訪れる人があとを絶たず、線香の煙に包まれています。

大石内蔵助が残した会計帳簿

内蔵助は、浅野家の改易から吉良邸討ち入りまでの一年九カ月間、収入と支出を『預《あずかり》置候金銀請払帳《おきそうろうきんぎんうけはらいちょう》』に記していました。今で言う会計帳簿です。「預置候金銀」とは収入のことで、前述の赤穂藩の清算時に残したお金と瑤泉院から預かったお金を指しています。支出に関しても前述のように、旅費・逗留費、武具購入などを、いついくら支払ったかを克明に記しており、最終的に合計金額を記しています。

その金額は、金《きん》換算で六九七両一分二朱（六九七三万七五〇〇円）となります。残されていたお金よりも七両一分（七一万二五〇〇円）不足していますが、その不足分は内蔵助が自腹を切って穴埋めしています。

内蔵助は金を支払った相手からは領収書のような手形を取り、それと合わせて、この会計帳簿を討ち入り前に瑤泉院に届けています。内蔵助の書いた添状《そえじょう》には一一月二九日の日付が記されていますが、瑤泉院の用人《ようにん》である落合勝信《おちあいかつのぶ》（与左衛門《よざえもん》）の覚書では、瑤泉院のもとに届けられたのは討ち入りの前日、一二月一四日晩とされています。

『預置候金銀請払帳』への細やかな記述、それが討ち入り前に届けられたことからは、緻《ち》密《みつ》で義理堅い内蔵助の人となりを読み取ることができます。このようなリーダーが率先垂《そっせんすい》範《はん》したからこそ、仇討ちは成し遂げられたのでしょう。

第四章

米将軍・徳川吉宗と貨幣経済

運命の悪戯

徳川吉宗は貞享《じょうきょう》元（一六八四）年一〇月、御三家《ごさんけ》（三家《さんけ》とも。他に尾張《おわり》藩、水戸《みと》藩）の一つ、紀州《きしゅう》藩五五万石の第二代藩主・徳川光貞《みつさだ》の四男として和歌山《わかやま》城で生まれました。長男ではなく、母親の身分も高くなかった吉宗は将軍どころか、紀州藩主にもなれる立場ではありませんでした。吉宗の生母については紀州藩士の娘、医師の娘、百姓の娘などさまざまな説がありますが、いずれにしても御三家と釣り合うような家柄ではなかったことは確かです。

吉宗（幼名は源六《げんろく》）は生まれてすぐに家臣のもとに預けられると、そこで育てられました。『徳川実紀』には次のエピソードが残されています。

ある時、藩主・光貞は四人の子供たちの前に刀の鍔《つば》がたくさん入った箱を置くと、それぞれに欲しいものを選ばせました。しかし、兄たちが欲しいものを口にしても、吉宗だけは何も言いません。光貞が理由を尋ねると、吉宗は「兄たちが選んだあとに箱ごともらうために黙っていました」と答えたのです。その肝《きも》の太さに感心した光貞は、吉宗の言う通りに与えました。それを持ち帰った吉宗は、自分の身の回りの世話をしてくれる家臣たちに分け与えたそうです。

当時、刀の鍔は実用的な数百文程度のものから数両、果ては数十両もするものまでありました。前章の通り、一両を現在の一〇万円とすると、数千円から数百万円になります。吉宗が家臣に配った鍔の価格は不明ですが、紀州藩主が持っていたものですから、安いものではないでしょう。

元禄七（一六九四）年に名前を新之助《しんのすけ》に改めた吉宗は翌年、紀州を離れると、江戸の紀州藩邸（中屋敷《なかやしき》）で暮らし始めます。中屋敷があったのは現在の赤坂御用地《あかさかごようち》で、その通用門は明治時代に東宮御所《とうぐうごしょ》（現迎賓館赤坂離宮《げいひんかんあかさかりきゅう》）の東門として移築され、現在に至っています。これを見ると、当時の屋敷の荘厳さを想像することができます。

元禄一〇（一六九七）年、頼方《よりかた》と名を変えていた吉宗に、人生を変える大きな出来事が起こります。現在の千代田区紀尾井町《ちよだくきおいちょう》（紀州藩、尾張藩、彦根藩《ひこね》［井伊家《いい》］の藩邸があったことからつけられた地名）にあった紀州藩邸（上屋敷《かみやしき》）に第五代将軍・綱吉が訪れます。その際、綱吉に謁見した兄たちと違い、頼方は次《つぎ》の間《ま》に控えていました。

兄たちが謁見を終えると、同席していた老中の大久保忠朝《おおくぼただとも》は綱吉に、光貞にはもう一人息子がいることを伝えます。すると綱吉は吉宗を呼び寄せると、その場で越前国の丹生《にう》郡葛野《かずらの》に三万石の領地を与えたのです。

こうして、吉宗は葛野藩主となり、大名となりました。葛野藩の実質的な石高は五〇〇〇石程度とする説もありますが、それでも一石＝一〇万円で計算すれば、五億円弱の税収になります。それまでの部屋住み（家督相続前の長男、または次男以下で分家せずに親や兄の家に留《とど》まる者）とは大違いです。何よりも、領主としての意識、政治への意欲が亢進《こうしん》したことは間違いないでしょう。

宝永《ほうえい》二（一七〇五）年、吉宗の人生はさらに大きく動きます。当時、父の光貞はすでに隠居しており、藩主は長兄の綱教《つなのり》が継いでいました。しかし、五月に綱教が病死。跡継ぎがなく、次男もすでに他界していたため、第四代藩主は三男の頼職《よりもと》が務めることになりました。六月のことです。二カ月後の八月、光貞が老齢のため世を去ると、翌九月には藩主となったばかりの頼職が二十代半ばで急死します。

これにより、吉宗が紀州藩の第五代藩主に就任します。一二月には将軍の綱吉から「吉」の字を与えられ、名を頼方から吉宗に改めています。

藩財政は〝火の車〟

紀州藩五五万石の藩主となった吉宗ですが、安楽な〝殿様暮らし〟が待っていたわけではありません。この時、紀州藩は藩始まって以来の財政赤字を抱えていたのです。

財政赤字に陥ったのは、寛文《かんぶん》八（一六六八）年に起きた旱魃《かんばつ》によって税収が激減したこともありますが、他にもさまざまな出費が重なり、借金が膨れ上がったことも大きかったようです。

たとえば、天和《てんな》二（一六八二）年から元禄一六（一七〇三）年までの間に、江戸の紀州藩邸は三度、火災で焼失しています。金額まではわかりませんが、焼失するたびに、荘厳な建物をつくり直していたわけですから、莫大な出費であったことは想像できます。

また、第三代藩主・綱教の婚礼もありました。この婚礼は通常の婚礼より出費が嵩んだことが推定されます。というのも、綱教の結婚相手が将軍綱吉の長女・鶴姫《つるひめ》だったからです。当時の武家社会では官位や石高などによって格式が定められており、諸事、その格式に則ることが求められました。婚礼や葬儀などの儀式は、その最たるものです。この場合、将軍家の姫君ですから最上位に近いだけでなく、婚礼費用は紀州藩が全額負担しています。相当な出費だったでしょう。

ちなみに、東京大学本郷《ほんごう》キャンパスの赤門《あかもん》は、元は加賀《かが》藩邸（上屋敷）の御守殿門《ごしゅでんもん》ですが、これは第一一代将軍・家斉《いえなり》の娘の溶姫《やすひめ》が第一三代当主の前田斉泰《まえだなりやす》に輿入れした際に、前田家がつくったものです。婚礼費用だけでなく、建築費用までかかったわけです。

さらに、吉宗が藩主になる直前には綱教、光貞、頼職が続けて亡くなり、前年には鶴姫も亡くなっています。これら葬儀にも相応の出費があったことが考えられます。

こうして吉宗が紀州藩主となった時には、幕府から一〇万両（一〇〇億円）、商人などから一〇〇万両（一〇〇〇億円）の借金があったと言われています。合わせると一一〇〇億円です。

紀州藩の財政再建

藩財政の窮乏に対して、吉宗は徹底的に無駄を排除して支出を減らす緊縮政策に乗り出します。まず、藩邸の役人約八〇人の人員整理を行ないました。奥女中にも暇を出しています。

吉宗は家臣や領民に質素倹約を奨励します。たとえば自ら木綿の着物を着ると、藩士にも絹の着物を控えるよう申し渡します。子供に絹を着せている藩士がいると、呼び出して「おまえは武士の子育てを知らない。幼い頃から甘やかすと強い子に育たない」と注意したことが『徳川実紀』に記されています。

では当時、絹と木綿にはどれほどの価格差があったのでしょうか。日本経済史・農業史を専門とする古島敏雄《ふるしまとしお》さん（東京大学名誉教授、故人。著書に『日本農業史』など）が編纂した『日本経済史大系　近世』を参考に見てみましょう。

まず絹ですが、宝暦《ほうれき》六（一七五六）年に京都に入荷された絹の単価は、生産地によって異なりますが、一疋が銀三四～七二匁でした。一疋は二反ですから、一反＝銀一七～三六匁となります。金一両＝銀六〇匁、金一両を一〇万円とすると、二万八三〇〇～六万円ということになります。いっぽう、木綿については三都（江戸、京都、大坂）の市場を掌握していた越後屋呉服店《えちごやごふくてん》（のちの三越百貨店、現三越伊勢丹ホールディングス）には江戸時代後期六五年間の帳簿が残されており、それによれば、日本各地に出荷された河内木綿《かわちもめん》一反の価格はおおむね銀六匁前後でした。現在の価値にして一万円前後です。

つまり、絹と木綿では三〜六倍の差があったわけです。ただし、これは生地《きじ》の比較ですから、仕立てた着物となれば、その差はさらに広がります。吉宗は、衣服という目に見える形で倹約を示したのです。

吉宗は緊縮政策で支出を減らすいっぽう、収入を増やす政策にも着手します。そのためには元手《もとで》となるお金が必要であり、それを捻出するために二十分《にじゅうぶん》の一差上金《いちさしあげきん》を実施します。これは藩士の俸禄の二〇分の一を藩に上納させるもので、たとえば五〇石取りの藩士であれば二石五斗の米を戻すことになります。現在なら、年収五〇〇万円の人が二五万円を渡すイメージです。これは徴収ではなく、借用でした。つまり召し上げるのではなく、藩士から借り上げる形です。

吉宗はこのお金を使い、大々的な新田開発を行ないます。これまで田畑として利用されていなかった土地を耕作地にするわけですから、水を引かねばなりません。大規模な用水路の掘削《くっさく》、溜池《ためいけ》の築造なども行ないます。その際、吉宗は藩内から身分にかかわらず有能な者を探すと、工事責任者に抜擢しています。さらに新田開発によって生まれた耕作地には、米よりも経済効果の高い野菜や綿花などの商品作物を栽培することを奨励しました。この結果、紀州藩は石高を二万石ほど増やしています。

こうして藩財政を立て直すと、二十分の一差上金における借金をすべて藩士に返済しました。吉宗は紀州藩主を務めた一〇年間で藩の借金をすべて返済したうえに、繰越金まで残しています。その金額は吉宗が将軍に就任する享保元（一七一六）年には、金一四万両（一四〇億円）、米一一万六〇〇〇石（一一六億円）にまで積み上がっています。貯蔵した金穀の重みで蔵の床の横木が折れたという逸話が残っています。

異例な将軍就任

吉宗が財政再建を成し遂げ、藩内外で「名君」と呼ばれるようになった頃、時代も大きく動いていました。

たとえば、貨幣経済が農村部に浸透したことで現金を求める農民が増え、自給自足に近かった農村の経済体系が崩れていきました。その結果、借金によって土地を失い小作人《こさくにん》となる者、それらの土地を集めて豪農《ごうのう》になる者など、貧富の差が生じることになりました。

都市部でも、豪商《ごうしょう》などの商人が台頭するいっぽう、貧民層も増加していきました。

このように社会が大きく変わるなか、江戸幕府の財政も悪化していきました。もともと幕府の収入基盤は、天領《てんりょう》（幕府直轄地）約四〇〇万石からの年貢米です。しかし、これは天候不順による不作などがあるため、安定しません。それを補ったのが、伊豆金山（現静岡県伊豆市他）、佐渡《さど》金山（現新潟県佐渡市）、生野《いくの》銀山（現兵庫県朝来《あさご》市）、石見《いわみ》銀山（現島根県大田《おおた》市）、足尾《あしお》銅山（現栃木県日光《にっこう》市）などの直轄鉱山からの収入でした。

ところが、時代を経るごとに産出量は減少。鉱山収入による補填が難しくなり、幕府財政は悪化の一途を辿ります。さらに、疫病の流行や大火がたびたび起こるなど、社会不安も強まっていました。

正徳二（一七一二）年、第六代将軍・家宣《いえのぶ》が病に倒れます。家宣の実子は早世が多く、唯一残っていた鍋松《なべまつ》はこの時、四歳。そのため、家宣は御三家の当主たちに鍋松の補佐を依頼します。鍋松はその後、名を家継《いえつぐ》と改め、第七代将軍に就任。しかし、正徳六（一七一六）年に病を患《わずら》うと、夭折してしまいます。ここに、七代続いてきた将軍家（徳川宗《そう》家《け》）の血統は絶えることとなりました。ここまで将軍の子供、または兄弟が将軍職を継いできましたが、それが不可能になったのです。

次の将軍の候補は、徳川宗家の血統を家康の子の代まで遡り、御三家の当主三人に絞られました。すなわち尾張藩の継友《つぐとも》、紀州藩の吉宗、水戸藩の綱条《つなえだ》です。そして老中、側用《そばよう》人《にん》、家宣の正室・天英院《てんえいいん》らの話し合いで決めることになりました。ただ、話し合いの場が持たれたことまではわかっていますが、どのようなことが話されたのかを記した史料は残されていません。わかっているのは話し合いの結果、吉宗に決まったことだけです。

しかし、吉宗はその申し出を固辞します。その理由として、家格は尾張藩が筆頭であり、年齢は綱条が年長であることを挙げたとされています。しかし、天英院からの強い説得もあり、最終的に吉宗は受諾しています。第八代将軍・徳川吉宗の誕生です。

なお、吉宗の将軍就任を知った紀州藩の領民たちは、吉宗なきあとのことを憂《うれ》え嘆いたと言われています。吉宗は家臣だけでなく、領民からも慕われていたのです。

幕府の財政再建

将軍に就いた吉宗は早速、幕府の財政再建に乗り出します。当時、幕府財政は旗本・御家人に支払う切米《きりまい》・扶持米《ふちまい》（知行地を持たない家臣に俸禄として支給される米。一般的に切米は年三回、扶持米は毎月支給された）の支給にも窮する状態でした。

吉宗が行なった政策は、基本的には紀州藩の財政再建時と同じです。まずは徹底的な緊縮政策、倹約を行ないました。吉宗自身が木綿の着物を着用し、子供たちにも絹ではなく木綿を着せたのです。豪華で派手な調度品も遠ざけました。

また、吉宗は大奥から「見目麗《みめうるわ》しき者」五〇人を選ばせると、彼女たちに暇を出します。美人ならすぐに相手が見つかるだろうというわけです。そして大奥で着用する小袖《こそで》を一枚銀五〇〇匁以下に定めるなど奢侈《しゃし》を禁じます。銀五〇〇匁は約八三万円になります。

さらに、大奥に四〇〇〇人いた女中を一三〇〇人にまで減らしました。当然ですが、大奥の女中にも給与が支払われています。給与は役職により定められており、たとえばもっとも安い御末《おすえ》（御半下《おはした》とも言う。雑用をする下女）では切米四石、衣装・化粧代として合《こう》力金《りょくきん》二両、食費として一人扶持（一石八斗）が与えられていました。現在の価値に直すと年収七八万円です。仮に大奥を辞めた二七〇〇人全員がこの給与だったとしても、年間二一億円以上の削減になります。

収入を増やす政策として、吉宗は享保七（一七二二）年から大規模な新田開発に乗り出します。紀州藩時代同様に用水路の掘削を行ない、利根川《とねがわ》から水を引いた見沼代用水《みぬまだいようすい》などがつくられました。

新田開発の効果が上がるまでの応急措置として導入されたのが、上《あ》げ米《まい》です。これは大名に石高一万石につき一〇〇石を上納させるもので、代わりに参勤交代《さんきんこうたい》の際の江戸在府期間を半分にしました。たとえば、一〇〇万石を有した加賀藩なら一万石、およそ一〇億円分の米を献上するわけです。吉宗が「このままでは幕臣数百人を解雇しなければならない」と言ったことは、「御恥辱《おちじょく》を顧《かえり》みられず、仰出《おおせいだ》され候《そうろう》」と江戸幕府の法令集『御《お》触書寛保集成《ふれがきかんぽうしゅうせい》』に記されています。

上げ米により上納された米は年間約一八万七〇〇〇石（一八七億円）におよびました。これは当時の幕府収入の一三パーセント、旗本・御家人への切米・扶持米の五〇パーセント強にあたります。上げ米は、新田開発が進み、幕府財政が一応の安定を見せた享保一六（一七三一）年に廃止され、参勤交代の期間も元に戻されました。

江戸の暮らし① 安くなった夜の灯り

江戸の庶民の生活は元禄期（一六八八～一七〇四年）以降、大きく変わりました。江戸幕府が開かれて一〇〇年ほどが経過し、平和な時代が続いたことで、一般庶民の生活にもゆとりが生まれ始めたのです。さまざまな産業が発達し、豊かになった庶民は学問や娯楽に親しむようになりました。いわゆる元禄文化です。

それまでの文化が公家や武家が中心だったのに対し、元禄文化は庶民から広まったことが特徴です。吉宗が活躍した享保期（一七一六～一七三六年）には、こうした庶民文化がすっかり根づいていました。ここからはお金を通して、江戸中期の庶民の暮らしを見ていきます。

まず、「夜」が快適になりました。夜間照明用の燃料が安くなったのです。新田開発によって増えた耕地では稲作以外も広く行なわれ、綿などの他、菜の花《なのはな》のように行灯《あんどん》に使用できる油を取る植物が多く栽培されました。菜の花は稲の裏作としてつくることができるため、菜種油《なたねあぶら》の生産量が増え、油の価格は下がりました。

それまで庶民が部屋に明かりを灯すには、価格の安い魚油《ぎょゆ》を使うしかありませんでした。しかし魚油は匂いがきつく、煤《すす》も大量に出るため、使い勝手が悪かったのです。蠟燭《ろうそく》はありましたが、高価でした。たとえば百目蠟燭《ひやくめろうそく》は、一本の重さが一〇〇匁（一匁＝約三・七五グラム）もありましたが、燃焼時間は三〜四時間。価格は一本二〇〇文（五〇〇〇円）もしました。

菜種油の価格に関しては、豪商の三井家《みついけ》に、宝暦七（一七五七）年一月から安永元《あんえい》（一七七二）年一一月までに江戸で購入した水油《みずあぶら》（菜種油などの灯油《とぼしあぶら》）の記録が残されており、一石の価格を平均すると銀約三八〇匁（約六三三万円）になります。行灯は日暮れから夜眠るまでに五勺《しやく》（一勺＝一万分の一石）ほどの油を使いますから、一晩あたりの油代は約三一五円となります。これなら庶民にも手が届きます。

江戸の暮らし②　肉食のメニュー

食習慣にも大きな変化が現れました。食事回数の増加です。それまで一日二食だったものが、一日三食になったのです。火事の多い江戸の町には、大工や左官などの職人が増えていました。肉体労働をする彼らは一日二食では身体が持たず、三食を食べるようになっていきました。また、前述のように夜間照明用の燃料価格が安くなったことで、庶民たちは起きている時間が長くなり、一日三食が定着することになったのです。

新田開発は食事内容も変えました。米の生産量拡大および精米技術の向上により、それまで上流階級しか食さなかった白米を庶民も口にするようになったのです。また、白米に合わせるおかずを数品食べる習慣も増えていきました。

では、江戸の庶民はどのようなものを食べていたのでしょうか。価格と共に見ていきましょう。自宅などで食べる内食《うちしょく》は白米、汁物《しるもの》、おかずが数品、漬物《つけもの》が揃えば、立派なごちそうでした。朝にごはんを炊いて食べ、残りをお櫃《ひつ》に入れて昼、夜に分けて食べるのです。一般的には、家族三人で一日一升の米を食べたと言われています。米は一石で金一両(一〇万円)ですから、一升は一〇〇〇円となります。

味噌汁に使う味噌は、江戸時代後期の風俗誌『守貞漫稿《もりさだまんこう》』には、竹の皮に包んだ味噌を量によって一二文、一六文、二四文、三二文、四八文、一〇〇文で売っていたことが記されています。また、安政《あんせい》四(一八五七)年の『三河美《みかわみ》やけ』(「美やけ」は土産《みやげ》の意)には、八丁味噌《はっちょうみそ》が一〇〇文で三三〇~三五〇匁で買えたと記されています。金一両=四〇〇〇文ですから、二五〇〇円で約一・三キログラムの味噌が買えたことになります。味噌汁一杯に一五グラムの味噌を使うとすると、約二九円です。

味噌汁に入れる具は貝類、大根、青菜（葉野菜）が一般的でした。天竺浪人《てんじくろうにん》（平賀源内《ひらがげんない》）の小説『根南志具佐《ねなしぐさ》』には、一升一五文（三七五円）の蜆《しじみ》を五文（一二五円）に値切る様子が描かれています。浅蜊《あさり》はむき身で売られることもあり、川柳《せんりゅう》集『誹風柳多留《はいふうやなぎだる》』には「五文がむき身すり鉢《ばち》を内儀《おかみ》出し」が掲載されています。すり鉢一杯のむき身が五文（一二五円）だったことがわかります。大根は一本が五文（一二五円）程度だったことが、文《ぶん》政《せい》期（一八一八～一八三〇年）の世相を描いた『文政年間漫録《ぶんせいねんかんまんろく》』に記されています。青菜は、曲亭《きょくてい》（滝沢《たきざわ》）馬琴《ばきん》が天保《てんぽう》八（一八三七）年の手紙で一把《わ》六〇～七〇文（一五〇〇～一七五〇円）と記していますが、この手紙は物価高を嘆いたものなので、普段はこれよりも安かったと思われます。

青菜のなかでよく食べられたのは小松菜ですが、その名は吉宗がつけたと言われています。吉宗が鷹狩《たかがり》で小松川《こまつがわ》（現江戸川《えどがわ》区小松川）を訪れた際、昼食に出された青菜を気に入り「小松菜」と名づけたというのです（別の説もあり）。

おかずとしては焼き魚が挙げられます。焼き魚が庶民のおかずとなるのは、七輪《しちりん》が庶民の間に普及した江戸中期以降です。江戸時代後期、倹約に適したおかずを番付で記した『日々《ひび》徳用倹約料理《とくようけんやくりょうり》角力取組《すもうとりくみ》』では、魚類方の最高位・大関の位置に「めざしいわし」が座っています。

いわしの価格は、河竹黙阿弥《かわたけもくあみ》が書いた歌舞伎の演目から見てみましょう。『勧善懲悪《かんぜんちょうあく》覗機関《のぞきからくり》』には「十で三六文」、『富士三升扇曽我《ふじとみますすえひろそが》』では「十尾で六四文」の台詞《せりふ》が登場します。一尾で九〇～一六〇円の計算になります。

豆腐は『豆腐百珍《とうふひゃくちん》』というレシピ本がベストセラーになるほど人気がありました。サイズは今よりも大きく、一丁《ちょう》の価格は五六～六〇文（一四〇〇～一五〇〇円）でした。天《てん》秤棒《びんぼう》で売り歩く豆腐売りは、それを四分の一ほどに切ったものを販売していました。

また、「江戸に烏《からす》の鳴かぬ日はあれど、納豆《なっとう》売りの来ぬ日はなし」（『江戸自慢《えどじまん》』）と謳われた納豆も、人気がありました。「江戸の朝は納豆売りの声で始まる」と言われるほど、納豆売りは早くから市中を回っていました。普通の粒納豆《つぶなっとう》の価格は四文（一〇〇円）です。人気があったのは粒納豆を包丁で叩いた叩《たた》き納豆《なっとう》で、細かく切った野菜や豆腐などを添えて売られていました。そのまま味噌汁に入れれば、納豆汁になります。叩き納豆の価格は、江戸末期の儒学者・角田桜岳《かくだおうがく》の日記には一二文（三〇〇円）、明治から昭和にかけて活動した江戸文化の研究者・三田村鳶魚《みたむらえんぎょ》編纂の『未刊随筆百種《みかんずいひつひやくしゅ》』には八文（二〇〇円）と記されています。

ごはんのお供の定番だったのが沢庵漬《たくあんづ》けです。江戸時代後期の文人・加藤曳尾庵《かとうえいびあん》の随筆『我衣《わがころも》』には、寛政《かんせい》二（一七九〇）年の沢庵の価格を「百本壱貫五百文位」と記されており、これだと一本は一五文（三七五円）になります。ちなみに、今では沢庵と並ぶ漬物の代表格とも言える白菜漬けですが、白菜は明治以降に栽培された野菜ですので、江戸時代にはありませんでした。

お酒の価格は、狂歌師として知られる大田南畝《おおたなんぽ》の随筆『金曽木《かなそぎ》』に、自分が幼かった時（宝暦頃）は一升が一二四〜一三二文（三一〇〇〜三三〇〇円）だったと記されています。

これらから推定すると、米一合のごはん、納豆汁、いわし一尾、沢庵漬けを数切れは四五〇〜五〇〇円になります。現在と比較しても納得できる価格です。

江戸の暮らし③　外食の相場

では、外食はどれくらいの価格だったのでしょうか。一日三食が根づくと、昼食のために家に帰らずに、屋台や飯屋を利用する人が増えます。それに伴い、江戸の外食産業も発展していきました。江戸の四大料理（そば、寿司、鰻《うなぎ》、天ぷら）を見ていきましょう。

江戸の外食を代表するのが、そばです。『守貞漫稿』には、「二八蕎麦は寛文四年に始まる。すなわち価十六銭をいうなり」と歴史と価格が記されています。一六銭は一六文のことで、約四〇〇円になります。二八そばの名前の由来は、価格の一六文＝二×《かける》八からとする説、小麦粉二割とそば粉八割でつくられるからとする説などがあります。『守貞漫稿』には「二八うどん」なるものも掲載されています。こちらの価格も一六文です。うどんは小麦粉一〇割でつくられますから、二八そばの名前の由来は前者に軍配を上げたくなります。

『守貞漫稿』には、寿司についても記されています。それによれば、寿司ネタには車海老《くるまえび》、海老そぼろ、白魚、まぐろ、こはだ、あなご甘煮などがあって一貫八文（二〇〇円）、玉子巻は一六文（四〇〇円）だったようです。

鰻も人気があり、よく食べられていました。『守貞漫稿』には「江戸鰻飯」として、鰻の蒲焼《かばや》きを丼飯にのせた鰻丼が一〇〇文（二五〇〇円）、一四八文（三七〇〇円）、二〇〇文（五〇〇〇円）と記されています。「三、四寸のものを焼きたるを五、六つ並べ」とあるので、価格は蒲焼きの数によって決まったと思われます。あらかじめ焼いた蒲焼きを岡持《おかも》ち（料理を入れて運ぶ木製の桶《おけ》）に入れて、売られてもいました。価格は一串一六文（四〇〇円）くらいです。

てんぷらは、油が高価だった時代には庶民の口に入りませんでしたが、菜種油の価格が下がったことで庶民も食べられるものとなりました。『守貞謾稿』によれば、江戸のてんぷらは、あなご、芝海老《しばえび》、こはだ、貝柱、するめなどで、一つ四文（一〇〇円）で売られていたようです。

甘味では長命寺《ちょうめいじ》（現墨田区向島《むこうじま》）の桜餅が人気でした。滝沢馬琴の随筆『兎園小説《とえんしょうせつ》』には、文政七（一八二四）年に一個四文（一〇〇円）で一年間に三八万七五〇〇個を売り上げたと記録されています。桜餅の誕生にも、吉宗が関与しています。桜餅を考案した山《やま》本《もと》やの初代・山本新六《しんろく》は隅田《すみだ》堤《づつみ》の桜並木を見て桜餅を思いついたと言われていますが、もともと隅田川岸に桜並木はありません。当時、江戸で花見ができる場所は上野《うえの》しかなく、桜の季節には多くの人が集まり、風紀が乱れました。

上野には徳川家の菩提寺・寛永寺《かんえいじ》や家康を祀《まつ》る上野東照宮《うえのとうしょうぐう》があります。吉宗は、先祖の眠る場所で騒がれたくないが、庶民の楽しみを奪うわけにはいかないと、花見客の分散をはかるのです。そして、隅田堤（現隅田区向島から堤通《つつみどおり》）、飛鳥山《あすかやま》（現北区《きた》王子《おうじ》）、御殿《ごてん》山《やま》（現品川《しながわ》区北品川）などに桜を植樹し、庶民に開放しました。吉宗が隅田川に桜を植樹しなければ、桜餅も生まれなかったかもしれません。

吉宗の朝食は二〇〇円以下！

ここまで、江戸の庶民の食事を見てきましたが、吉宗の食事はどのようなものだったのでしょうか。多くの将軍の朝食はごはん、汁物、刺身、酢の物、煮物、焼き魚が定番でした。焼き魚は鱚《きす》などの他、鯛《たい》や平目《ひらめ》の尾頭《おかしら》つきが出されることもあったようです。

これに対し、吉宗の食事は質素そのものです。『徳川実紀』などによれば「一日二食で十分であり、それ以上は腹の驕《おご》りである。太平無事の時に飽食の癖をつけると、非常時に昼夜奔走したり、兵糧《ひょうろう》が乏しくなった時に十分に働いたりすることができない」と、一日三食が主流となっていた時代に、一日二食を守ったようです。朝食は戦国時代の陣中食である焼きおにぎりと焼き味噌、夕食も一汁三菜でした。

この吉宗の朝食を現在の価値に直すといくらになるでしょうか。焼きおにぎりを米一合分とすると約一〇〇円、味噌は一・三キログラムで二五〇〇円ですから、一〇グラムでおよそ一九円。合わせて一一九円となります。

時代にすこしずれはあるものの、庶民は前述のように五〇〇円ほどの食事を摂っています。吉宗は簡素な食事を摂ることで、周囲に質素倹約の大切さと倹約政策に取り組む本気度を示していたのかもしれません。

町奉行の給与

紀州藩主時代の新田開発で身分にこだわらずに有能な者を抜擢した吉宗は、将軍になってからも積極的に優秀な人材を登用しました。その範囲は各藩のみならず、地方の役人にもおよびました。その代表とも言えるのが、「大岡越前《おおおかえちぜん》」の通称で知られる大岡忠相《ただすけ》です。忠相は、伊勢国・志摩国の訴訟、伊勢神宮の警護や修繕などを管轄する山田奉行《やまだぶぎょう》から、江戸の行政・司法・警察を管轄する江戸町奉行《えどまちぶぎょう》に抜擢されたのです。

しかし、こうした人材登用には問題もありました。役職に伴う諸費用は自己負担することになっていたため、家柄および俸禄が低いにもかかわらず要職に就くと、お金が足りなくなってしまうのです。

その問題を解決するため、吉宗は享保八（一七二三）年、足高《たしだか》の制《せい》を導入します。これは、役職ごとに役高を定め、それ以下の者が就任する際には在職期間中に限り、役料《やくりょう》（不足の石高）を支給する制度です。この制度によって、忠相も不足分の支給を受けています。江戸町奉行の役高は三〇〇〇石、いっぽう忠相の禄高は一九二〇石、その差額は一〇八〇石です。これを一石＝一〇万円として計算すると、忠相は一億八〇〇〇万円の年収を上乗せされたことになります。

足高は在職期間中に限られるため、幕府の負担もそれほど大きくありません。それまで要職は俸禄が高い家柄の年長者が就くことが多かったのですが、俸禄の低い家柄の若者にも道が開かれ、役人の若返りが進むことになりました。

忠相が通った江戸南町《みなみまち》奉行所は現在の有楽町《ゆうらくちょう》駅近くにあり、駅前広場には奉行所の石垣、復元された穴蔵（貯蔵庫）などがあります。また、忠相の自宅は現在、法務省や東京地方裁判所、東京地検が建ち並ぶ一角にあり、弁護士会館の敷地になっています。

町火消の給与

享保六（一七二一）年、日本ではじめて全国的な人口調査が行なわれました。それによれば江戸の人口は約五〇万人とされましたが、ここには町奉行の支配がおよばない武士や僧侶などが入っておらず、それらを含めると約一一〇万人と推計されています。江戸は当時、世界最大の都市だったのです。

深刻な問題だったのが火事です。江戸の町は木造家屋が密集しており、各家庭の台所では竈《かまど》や七輪、部屋では蠟燭や行灯など火を直接使用したことから、火事が起こりやすい環境にありました。しかもひとたび火事が起これば、火はまたたくまに広がり、大火に繋がります。第四代将軍・家綱の時に起きた明暦の大火では、一〇万人以上の死者が出ています。

幕府は対策として、まず江戸城および大名屋敷の消火活動を各大名に命じた大名火消《だいみょうびけし》を組織させます。続いて、市中の消防・警備を司る定火消《じょうびけし》を若年寄のもと、旗本にあたらせます。これは幕府直属の消防組織です。そして吉宗は、町人が自らの手で町を守ることが必要と考え、大岡忠相に指示を出します。

こうして誕生したのが、町火消《まちびけし》です。具体的には、いろは四七（のち四八）組の火消組合を結成し、組ごとに担当する地域を決めて配置しました。組員は当初、町方で雇った火《ひ》消人足《けしにんそく》によって構成されていましたが、次第に鳶人足《とびにんそく》に代わられていきました。破壊消火（延焼を防ぐために火元周辺の建物を壊す）には、鳶人足の技術や経験が求められたからです。

町火消は江戸町奉行が監督しましたが、組員への給与は町奉行所からではなく、町の人々からの謝礼、手当という形で支払われていました。その金額は一番高い纏《まとい》持《も》ちで月二〜三貫文（五万〜七万五〇〇〇円）、平人《ひらびと》は同四五〇〜八〇〇文（一万一二五〇〜二万円）でした。

命がけの仕事の割には安いように感じますが、不満の声は上がりませんでした。彼らは鳶の仕事をもらえるのは町があってのもの、お世話になっている人のために命を尽くすのは当たり前と考えていたからです。また、役得として、湯屋《ゆや》、寄席《よせ》、芝居小屋が無料で入場できたりしました。これは、安い給金で命を張る彼らに対して、町人たちからのせめてものサービスだったようです。彼らの火事を恐れない勇ましい姿は江戸っ子気質《かたぎ》に響《ひび》くものがあり、浮世絵などにも多く描かれるなど、一種のアイドル的存在でもありました。

吉宗と忠相はさらに火除地《ひよけち》の設定、火《ひ》の見櫓《みやぐら》制度の整備、瓦葺《かわらぶき》屋根や土蔵《どぞう》など防火建築の奨励などを行ないました。これらの政策を通じて、江戸の景観は大きく変わっていくのです。

小石川養生所の運営費

享保元（一七一六）年に流行した風邪はインフルエンザと推定され、一カ月で八万人以上が亡くなったと記録されています。また、享保五（一七二〇）年には天然痘《てんねんとう》が流行して多くの命が奪われました。このように人口が多く、長屋《ながや》などの密集住居も少なくなかった江戸の町は、疫病が発生しては大流行することがしばしば起こりました。

このことを重く見た吉宗は、医療政策を展開します。小石川薬園《こいしかわやくえん》（現文京《ぶんきょう》区白山《はくさん》）、駒《こま》場《ば》薬園（現目黒《めぐろ》区大橋《おおはし》）などの薬園を拡張・整備すると、薬草に関して検分・栽培・流通・販売という管理体制を確立しました。

そのなかで特筆しておきたいのが、朝鮮人参《ちようせんにんじん》の栽培です。朝鮮人参は古くから薬効を知られながらも国内で栽培できず、高値で朝鮮から輸入していました。その価格は一斤（六〇〇グラム）で、農民の出稼ぎ一〇年分以上に相当したとも言われています。享保一三（一七二八）年、下野《しもつけ》国（現栃木県）日光の薬園で栽培に成功すると、幕府はその栽培方法を公開して奨励しました。その後、順調に栽培量が増え、日光産の朝鮮人参が市販されるようになると、明和《めいわ》二（一七六五）年には一両目《りようめ》（約一五グラム）あたり上《じよう》人参が金二両（二〇万円）、並《なみ》人参が人金一両（一〇万円）という公定価格が定められました。これにより、一部の富裕者だけが享受していた薬効を大勢の人間が受けられるようになりました。

次に挙げたいのが、サツマイモの栽培です。享保一七（一七三二）年に発生した飢饉《ききん》では二〇〇万人近くの人が飢えに苦しみ、多くの餓死者が出ました。いわゆる享保の大飢饉です（天明《てんめい》の大飢饉、天保の大飢饉と共に「江戸三大飢饉」と言われる）。吉宗は、書物奉行《しよもつぶぎよう》の深見有隣《ふかみありちか》に飢饉対策を問います。有隣は、長崎の滞在経験から、当地で甘藷《かんしよ》（サツマイモ）が栽培され、食用に供されていることを説明しました。吉宗は種《たね》イモを肥前国《ひぜん》（現長崎県・佐賀県）の大村藩《おおむら》から取り寄せると、江戸城内で試作させています。

享保二〇（一七三五）年、一つの書物が大岡忠相から吉宗のもとに届けられます。書名は『蕃藷考《ばんしょこう》』、書いたのは儒学者・蘭学者の青木昆陽《あおきこんよう》です。そこにはサツマイモの形や味、栽培法、貯蔵法などが記されていました。同書を読んだ吉宗は、昆陽を薩摩芋御用《さつまいもごよう》掛《がかり》に任じると、小石川薬園での試作を命じます。以降、サツマイモは全国的に普及し、享保の大飢饉から約五〇年後に起きた天明の大飢饉では、多くの人々の命を救ったと評されています。

医療施設についても触れておきましょう。町医者の小川笙船《おがわしょうせん》は貧困ゆえに薬を入手できない人たちの窮状を訴え、彼らが無料で診療を受けられる施設の設立を目安箱《めやすばこ》に投書しました。享保七（一七二二）年のことです。当時は自宅療養する病人を医師が往診して薬を処方するのが一般的で、患者を入院させて治療するという考えは画期的なものでした。

目安箱とは民衆の意見を生かすため、江戸城和田倉門《わだくらもん》外にあった評定所《ひょうじょうしょ》（幕府の最高司法機関）前に、評定所の式日にあたる毎月二、一一、二一日の午前中のみ設置された投書箱です。ある時、目安箱に「お金は天下に回すべし」という、吉宗の緊縮政策を非難する投書がなされました。将軍を批判することは重罪です。しかし、吉宗は投書した男を呼び出すと褒美《ほうび》を与えました。吉宗いわく「このような者を無礼であるとして罰すれば、世の中は何も言わなくなってしまう。それこそ大きな損失である」からです。

筆船の投書から一年を待たずに、小石川薬園内に小石川養生所《こいしかわようじょうしょ》が開設されました。開設にあたっては、建物二一〇両（二一〇〇万円）、物資購入やその他の経費二八九両（二八九〇万円）などの予算が計上されています。また、吉宗時代の運営費は一年七五〇両（七五〇〇万円）とされています。

小石川養生所の収容人数は開設当初四〇人でしたが、翌年には一〇〇人に増え、享保一八（一七三三）年には一一七人となり、以降は幕末まで変わりませんでした。九人（のち五人）の医師が働き、交代で夜間の急患にも対応していました。当時は医師となる（名乗る）には資格など必要ありませんから、いわゆるヤブ医者も多く、医療水準は低いものでした。いっぽう、小石川養生所では医師見習いも働き、彼らは薬草学などをきちんと学び、医師となっていきました。医療水準の向上にも寄与したわけです。

吉宗は薬草に関する国家的な管理体制を確立しただけでなく、その知識を全国的に広めることを考え、庶民のために『養生訓《ようじょうくん》』（貝原益軒《かいばらえきけん》著）や『普救類方《ふきゅうるいほう》』（林良適《はやしりょうてき》・丹羽正伯《にわしょうはく》編纂）など医書の出版を奨励するなど、医療知識の普及もはかりました。吉宗がこれらの医療改革を進めたことによって、西洋医学の知識やその重要性が広まり、のちの杉田玄白《すぎたげんぱく》らによるはじめての翻訳解剖書『解体新書《かいたいしんしょ》』などに繫がっていくのです。

なお、小石川養生所は幕末まで続き、延《の》べ三万二〇〇〇人以上が治療を受けました。また小石川薬園は現在、小石川植物園と名を変えて一般開放されています。その一角には小石川養生所で使われていた井戸が今も残されています。大正一二（一九二三）年に起きた関東大震災では、家屋を喪失した被災者が小石川植物園に避難し、この井戸がライフラインとなりました。再び多くの命を救ったわけです。

金銀相場の乱高下

江戸時代は金貨、銀貨、銭貨を流通貨幣とする三貨《さんか》制度が取られていました。「江戸の金遣《きんづか》い、大坂の銀遣い」と言われたように、江戸を中心とする東国《とうごく》では主に金貨で、京都・大坂を中心とする西国では銀貨で取引が行なわれていました。東国は佐渡金山や伊豆金山に代表されるように金の産出量が多く、西国は石見銀山や生野銀山など銀の産出量が多いことに加え、清《しん》との貿易では銀貨を使用することが慣例だったからです。

三貨間の取引もあるため、幕府は慶長一四（一六〇九）年、御定相場《おさだめそうば》を定めると、金一両＝銀五〇匁＝銭四〇〇〇文としました。経済学で言う固定相場です。しかし、市場はそれに従わずに、その時々の相場での取引を行ないました。変動相場ですね。やがて、銀の産出量が増えたことで銀安《ぎんやす》が進み、金一両＝銀六〇匁前後で相場は安定していきました。

元禄期になると、経済の発展に伴って貨幣需要が増えたにもかかわらず、金銀の産出量の減少や長崎貿易（鎖国後に長崎を通じて清やオランダと行なった貿易）での金銀流出などにより、市場に出回る金貨・銀貨が足りなくなる貨幣不足が起きます。そこで幕府は元禄八（一六九五）年、貨幣改鋳《かいちゅう》を行ない、金貨・銀貨の流通量を増やそうとしました。ところが、この改鋳では金貨の品位低下が銀貨のそれよりも大きかったため、急速に銀高《ぎんだか》が進み、再び金一両＝銀五〇匁程度に戻ってしまいました。幕府はこれを是正するため、元禄一三（一七〇〇）年に御定相場を金一両＝銀六〇匁と定めました。

その後、再び貨幣の改鋳があり、市場の金銀相場は乱高下しますが、吉宗が将軍に就任した頃には激しい金安銀高に陥っていました。享保三（一七一八）年には金一両＝銀四〇匁台まで、金貨の価値が下がっていたのです。これは、銀遣いの京都・大坂から多くの物資を仕入れていた江戸において、物価の高騰を招く一因ともなりました。

そして元文《げんぶん》元（一七三六）年、吉宗はこれを解消するため、貨幣の改鋳に乗り出します。総責任者には、貨幣改鋳を吉宗に進言した大岡忠相を任命しました。

この時につくられた元文金銀《げんぶんきんぎん》は、金の含有率を六五・七パーセント、銀の含有率を四六パーセントにまで下げたもので、その引き替えは旧金貨（正徳金銀や享保金銀）一〇〇両に対して新金貨（元文金銀）一六五両、旧銀貨（同）一〇貫に対し新銀貨（同）一五貫とされました。

それでも、市場などで使う際には新金貨も旧金貨も同じ一両、新銀貨も旧銀貨も同じ一匁と扱うよう命じました。銀貨の質を金貨よりも落とすことで金安銀高を是正し、京都・大坂から物を買いやすくして、江戸の物価を下げようとしたのです。また、金貨・銀貨の品位を下げることで換金のために売り出される米の量を減らし、相対的に米価を引き上げることも狙っていました。この改鋳により、米価安の物価高（後述）は一段落しました。

その後、金銀相場は金一両＝銀六〇匁で落ち着き、元文金銀は江戸時代でもっとも安定した通貨となり、以後八〇年にわたって使われました。

米価安の物価高

吉宗は幕府の財政再建のために新田開発に取り組みましたが、やがて米の生産量は大幅に増え、問題は解決したかに見えました。しかし増産により、米の価格は低迷。米で収入を得ている武士に大きな痛手を与えることになりました。

この時代は貨幣経済が進展するいっぽう、幕府も大名も武士も収入は依然として現物（米）ですから、生活するには米をお金に替えなければなりません。その際、米価が激しく動くと困ります。たとえば、同じ一石でも一〇万円の時もあれば、一二万円や八万円の時もあったとすれば、プラスマイナス四〇パーセントも違ってしまいます。

この頃から吉宗は、米が安く物価が高い「米価安《べいかやす》の諸色高《しょしきだか》」に頭を悩ませることになりました。「諸色」とは米を除くさまざまな商品の価格のことです。つまり、米価安の物価高です。

吉宗は享保一五（一七三〇）年、市場に介入することで米価を安定させようと、大坂の堂島米市場《どうじまこめいちば》を幕府公認のものとしました。さらに翌年、市場に流通する米を減らすことで米価の引き上げを狙った買《かい(かわせ)》米令《まいれい》を出します。これは、米価を引き上げるため、諸大名や商人に米の買い上げを命じたものです。この時に買われた米の総計は六〇万石におよんだと言われています。他にも、飢饉に備え米を備蓄する囲米《かこいまい》の奨励や、江戸や大坂に米の流入を防ぐために多量の米の輸送を制限する廻米制限令《かいまいせいげんれい》を出すなど、市場から米を減らすことで、米価の上昇をはかりました。また、これまでの酒造制限令《しゅぞうせいげんれい》を解禁し、米の消費を促そうとしました。

これらの結果、享保一五（一七三〇）年に米一石が銀三〇匁（五万円）だった大坂の米価は徐々に上昇し、元文三（一七三八）年には銀九〇匁（一五万円）になりました。米価政策に全力で取り組んだ吉宗は、いつしか「米将軍《こめしょうぐん》」「米公方」などと言われるようになりました。

いっぽう、物価高に対しては享保六（一七二一）年、株仲間《かぶなかま》公認を行ないました。具体的には、問屋商人に株仲間の結成を願い出させます。営業の権利および独占を認める代わりに仲間内での競争を禁じ、商品価格の協定を結ばせるなど、物価の引き下げをはかったのです。これに前述の貨幣改鋳も相俟《あいま》って、物価は沈静していきました。

「吉宗財政」を検証する

　吉宗の治世下、天領の石高は約四〇〇万石から約四六〇万石へと六〇万石も拡大しました。年貢の収納高は約一八〇万石（一八〇〇億円）となり、江戸幕府の歴代の最高値を記録しています。肝心《かんじん》の財政はどうでしょうか。享保一五（一七三〇）年の幕府財政は歳入七九万八八〇〇両（七九八億八〇〇〇万円）、歳出七三万一二〇〇両（七三一億二〇〇〇万円）と、六万七六〇〇両（六七億六〇〇〇万円）の黒字となっています。財政再建を成し遂げたわけです。

　歳入・歳出の内訳を見てみましょう。歳入の六〇パーセント以上は年貢ですから、財政再建のためには新田開発を行ない、米の収穫量を増やすことが不可欠だったことがわかります。次に多いのは、商工業者の営業免許税である冥加《みようが》、税率一定の各種営業税である運上《うんじょう》など諸役諸納が約七パーセントです。そのなかで、長崎貿易の運上は毎年、数万両という莫大な金額に上りました。

いっぽう、歳出は約四〇パーセントが幕臣の人件費である切米・役料にあてられ、次いで役所経費が約二〇パーセントです。ちなみに、吉宗が大奥にメスを入れたあとも奥向き費用として約八パーセントが費《つい》やされていました。

こうして、幕府財政は吉宗の将軍就任から五年後の享保六（一七二一）年頃から黒字となり、吉宗の晩年には一〇〇万両、現在の価値に直すと一〇〇〇億円以上を貯蓄することができました。財政に余裕が出てきたこともあり、第四代将軍・家綱以降途絶えていた日光東照宮への参詣を六五年ぶりに復活させました。

吉宗は延享《えんきょう》二（一七四五）年、六二歳の時に長男・家重《いえしげ》に将軍職を譲ります。そして、寛延《かんえん》四（一七五一）年六月二〇日、病により永眠、六八年の生涯を閉じました。死後、吉宗の部屋から、一度使用した紙の裏にびっしりと米相場の動向を記したものが見つかったそうです。

葬儀は、徳川家の菩提寺である寛永寺で行なわれました。それまで亡くなった将軍には豪壮な霊廟《れいびょう》が造営されてきましたが、吉宗は遺言で自らの霊廟はつくらず、かつて吉宗に「吉」の字を与えた第五代将軍・綱吉の寛永寺・常憲院《じょうけんいん》霊廟（一九四五年の東京大空襲により焼失）に合祀されることを望みました。

そして遺言通り、綱吉の常憲院霊廟の奥に吉宗の宝塔が建てられました。綱吉の宝塔が銅造で、入口に彫刻が施された唐門《からもん》を備えたのに対し、吉宗の宝塔は石造で、門などの飾りはいっさいありませんでした。建築費も綱吉の宝塔の三分の一ほどだったようです。生涯を通じて質素倹約に務めた吉宗は、その信念を死後まで貫いたのです。

吉宗は生前、次のような言葉を残しています。

「総《すべ》て人の上にたつ時は、愚《ぐ》なるも智《ち》あるさまに見え、下にいるものは、智あるも愚に見ゆるものなり」

藩主の四男という部屋住みの立場から将軍にまで上り詰めた吉宗は、リーダーが陥りやすい罠《わな》を理解し、自らを戒めていたのかもしれません。だからこそ、人の力を信じ、身分の分《わ》け隔《へだ》てなく意見を取り入れることができたのでしょう。

第五章

河井継之助が買ったガトリング砲

逃げる農民

江戸時代半ば、貨幣経済は都市部のみならず農村にも浸透し、現金を求めて商品作物に力を入れる農民が増えていきました。また、借金のために土地を売る農民も増え、窮乏した農民は農業を離脱して江戸などの都市へ移り住むようになります。徳川吉宗の時代には米の増収があったため、それは表面には現れず、幕藩体制を揺るがす事態にはなりませんでしたが、この動きは止まることはなく、幕末に向けて加速していきます。

その間、老中首座・松平《まつだいら》定信《さだのぶ》が寛政の改革（一七八七～一七九三年）で、江戸に流入した農民の帰農を奨励する旧《きゅう》里《り》帰《き》農令《のうれい》を出したり、老中首座・水野《みずの》忠邦《ただくに》が天保《てんぽう》の改革（一八四一～一八四三年）で、江戸に流入した農民などを強制的に帰農させる人返《ひとがえ》しの法《ほう》を出したりしましたが、効果はほとんどありませんでした。

人口流出が顕著だったのは江戸に近い北関東で、歴史人口学が専門の速水《はやみ》融《あきら》さん（慶應義塾大学名誉教授、故人。著書に『歴史人口学で見た日本』など）がまとめたデータによれば、享保六（一七二一）年から弘化三（一八四六）年の間に、下野国や常陸国では人口が約三〇パーセントも減少しています。

　また、地主や問屋などが家に織物工場などをつくり、農業をやめた農民たちを賃金労働者として雇用して、製品生産を行なうマニュファクチュア（工場制手工業）が実施されると、幕藩領主は年貢量の減少のみならず、米で年貢を取ることが難しくなりました。

　このように時代が大きく変化しているにもかかわらず、幕府から諸藩に課せられる参勤交代やお手伝《てつだ》い普請《ぶしん》（城郭や河川工事などの土木事業）などの負担は、依然として江戸時代初期に石高に応じて定められたままでした。貨幣経済が発達するいっぽう、米価は下落傾向にあり、しかも物価は上昇していたため、幕末には多くの藩が幕府からだけでなく豪商からも借金をするなど、莫大な赤字財政に陥っていました。

雄藩の財政再建策

　諸藩のなかには独自の藩政改革を行ない、藩権力の増強に成功した藩がありました。それによって軍備で強大な力を持った大藩は「雄藩《ゆうはん》」と呼ばれ、幕政に大きな影響力を持つようになりました。雄藩が行なった財政再建策を見てみましょう。

　薩摩《さつま》藩（現鹿児島県・宮崎県南西部）では、文政期（一八一八〜一八三〇年）末には三都の商人から負っていた債務は約五〇〇万両（五〇〇〇億円）に達していました。第八代藩主・島津重豪《しまづしげひで》から財政改革を命じられた側用人の調所広郷《ずしょひろさと》は、それらの債務を無利子・二五〇年分割払いにすることを商人に通達、事実上の借金の棚上げに成功します。いっぽうで奄美大島《あまみおおしま》、徳之島《とくのしま》、喜界島《きかいじま》（いずれも現鹿児島県）の砂糖専売政策を強化すると同時に、米や菜種などを品種改良します。また、琉球《りゅうきゅう》王国を通じて清との密貿易を行ない、利益を上げました。これらの方策を続けた結果、天保期（一八三〇～一八四四年）末には二五〇万両（二五〇〇億円）余りの蓄えができました。

長州《ちょうしゅう》藩（現山口県）では、毛利敬親《もうりたかちか》が第一三代藩主となった天保八（一八三七）年、家臣たちの負債総額は銀八万五〇〇〇貫（＝金一四〇万両）、現在の価値に直すと一四〇〇億円にまで膨れ上がっていました。これに対して、当役用談役《とうやくようだんやく》など要職を務めた村田清風《むらたせいふう》は財政改革を任されると、負債を銀一貫（約一七〇万円）につき三〇匁（五万円）を三七年間支払えば元利《がんり》完済とする三七カ年賦皆済仕法《ねんぷかいさいしほう》を制定して、家臣の負担を軽くしました。いっぽう藩の収入を増やすため、それまで専売制だった特産の蠟《ろう》を自由取引にする代わりに、商人に対して運上銀を課しました。さらに藩営の商社・越荷方《こしにかた》を海上交通の要所である下関《しものせき》に設置し、大きな利益を上げました。

佐賀《さが》藩（現佐賀県・長崎県の一部）では、第一〇代藩主・鍋島直正《なべしまなおまさ》が直接指揮を執《と》っています。直正が藩主を継いだ時、藩の財政は幕命による長崎警備強化の出費や江戸在府の費用などで破綻寸前にありました。そこで直正は、徹底した経費削減を行ないます。倹約令を出すと、参勤交代の人員や藩役人の人数を減らしました。また、年貢収入を安定させるため、小作地を地主と小作人に再配分して、年貢を納める本百姓を増やす均田制《きんでんせい》を実施。また、領内の特産物生産の奨励と統制を行なう国産方《こくさんかた》を設け、陶器、櫨蠟《はぜろう》、紙などの開発や石炭の増産によって、財政を立て直したのです。

雄藩以外にも、藩政改革に成功した藩もあります。越後国の長岡《ながおか》藩もその一つです。

長岡藩の財政窮乏

長岡藩の藩政改革を説明する前に触れておきたいのが、同藩の成り立ちと歴史です。

元和《げんな》二（一六一六）年、越後国の高田《たかだ》藩七五万石を治めていた松平忠輝《まつだいらただてる》（徳川家康の六男）が素行不良などで改易になると、外様大名の堀直寄《ほりなおより》が八万石で入封《にゅうほう》し、長岡藩が立藩されます。堀家もそうですが、越後国は越後今町湊や新潟湊など水運の要となる港があるにもかかわらず、外様大名が多い状態にありました。そのため、幕府は元和四（一六一八）年、譜代大名の牧野忠成《まきのただなり》を六万二〇〇〇石で長岡に入封させます（堀家は越後国の村《むら》上《かみ》藩に移封《いほう》）。領地は忠成の代で七万四〇〇〇石まで加増され、以後、幕末まで続きます。

ちなみに、天保一一（一八四〇）年には、川越藩主の松平斉典《なりつね》と老中の水野忠邦らの画策による三方領《さんぽうりょう》知《ち》替《が》えにより、牧野家は川越《かわごえ》藩一五万石への移封の話がありましたが、三方の一つである庄内《しょうない》藩・酒井《さかい》家で反対運動が起こったため、翌年には撤回されるという事件も起こっています。

長岡城は火事で全焼することがあっても、堀直竒による築城時の場所を変えることなく、幕末まで藩庁として機能していました。城は平地に築かれた平城《ひらじろ》であり、もっとも高い位置を本丸とし、本丸には天守がない代わりに三階建ての櫓《やぐら》を構え、「御三階《おんさんがい》」と呼ばれる長岡城のシンボルとなっていました。

牧野家は幕府の要職に就くことが多く、その経費は小藩である長岡藩にとって大きな負担となっていました。さらに、火事や自然災害が重なることにより、徐々に借金が増えていきました。

たとえば、享保一三（一七二八）年には、長岡藩史上最大と言われる三蔵《さんぞう》火事が起き、長岡城も全焼しています。長岡藩は復興のため、幕府から金七〇〇〇両（七億円）を借り受けます。また寛保《かんぽう》二（一七四二）年に起きた大洪水の際も、幕府から金七〇〇〇両を借りています。さらに文政一一（一八二八）年には現在の新潟県三条《さんじょう》市付近で地震（三条地震）が発生し、領内家屋九八〇八軒が全潰《ぜんかい》し（史料により差異あり）、復興資金として幕府から金五〇〇〇両（五億円）の借金をしました。

この状況に追い打ちをかけたのが、幕府が天保一四（一八四三）年に発出した上知令《あげちれい》です。これは大名・旗本の知行地を幕府直轄地にするもので、長岡藩では新潟湊を含む新潟町が収公されました。長岡藩は正徳三（一七一三）年から、新潟湊で米穀を売買する双方に対して一〇〇両（一〇〇〇万円）あたり一両（一〇万円）の仲金《すあいきん》を課していました。のちには米穀以外の多くの商品に仲金を課すようになり、徴税のために仲番所《すあいばんしょ》などを設けます。長岡藩が仲金で得ていた収入は年平均で五五〇〇両（五億五〇〇〇万円）以上、多い年には一万両（一〇億円）を超えることもありました。石高七万四〇〇〇石の小藩にとっては大きな財源です。それが幕府に没収されてしまったのです。このことに関しては後述します。

借金返済で支出が増えていくうえに、大きな財源を失った長岡藩の赤字は膨らみ、その額は嘉永《かえい》二（一八四九）年には、二三万両（二三〇億円）を超えていました。藩政改革が「待ったなし」の状態にあり、藩政改革を牽引したのが家老の河井継之助《かわいつぎのすけ》です。

負けず嫌いな合理主義者

江戸幕府は第三代将軍・家光《いえみつ》の頃から鎖国政策を続けてきましたが、一八世紀末頃から、ロシア、イギリス、アメリカの船などが接触をはかるようになり、鎖国政策に綻《ほころ》びが見え始めていました。幕府が異国船打払令《いこくせんうちはらいれい》を出した二年後の文政一〇（一八二七）年一月一日、継之助は長岡藩士・河井秋紀《あきのり》の長男として長岡城下に生まれました。秋紀が勘《かん》定頭《じょうがしら》を務めていたように河井家は代々、事務方の役人を輩出しています。禄高は一二〇石（一二〇〇万円）、家格は藩内では中堅に位置していました。

継之助は幼い頃から負けず嫌いで我《が》が強く、喧嘩ばかりしていました。年上が相手でも怯《ひる》むことなく、頭から大量の血を流すようなケガをしても泣かなかったと言われていま す。また、徹底した合理・実益主義で、馬術を習った際も教わった流儀に従わず、「馬術は駆けることと止まることを知っていれば十分」と言い放ち、弓や剣術も「使えれば十分」という考え方で、多くの師匠たちを呆《あき》れさせたようです。

いっぽうで読書を欠かさず、算学も得意とするなど、学問に秀《ひい》でていました。入学した藩校の崇徳館《そうとくかん》で知行合一《ちこうごういつ》（知識と行動の一体化）を説く陽明学《ようめいがく》を知ると、これに傾倒し、補国《ほこく》を任とする（国家および藩を支える）ことを誓うのです。

向学心の強い継之助は江戸への遊学を望みますが、藩からの許可はなかなか下りず、江戸へ出たのは二七歳になってからでした。江戸では儒学者の古賀謹一郎《こがきんいちろう》や朱子学者の斎藤拙堂《さいとうせつどう》の塾で勉学に励《はげ》み、並行して兵学者の佐久間象山《さくましょうざん》の塾にも通い、西洋兵学などを学びました。象山の塾には共に藩校で学んだ二人の幼なじみ、川島億次郎《かわしまおくじろう》（のちに三島億二郎と改名。長岡復興に尽力。後述）と小林虎三郎《こばやしとらさぶろう》（のちに「米百俵」の逸話で知られる。後述）も通っていました。その頃のエピソードを紹介しましょう。

ある時、継之助の内股に大きな腫《は》れものができ、寝起きにも苦労したことがありました。見かねた同僚が医師への診療を勧めたところ、継之助は「この苦しさに耐える鍛錬をしておかなければ、いざという時の役に立たない。今学んでいる学問が本当に自分の力になっているかどうかを試す絶好の機会である」と言い、痛みに耐えながら勉学に打ち込んだそうです。

黒船来航を知っていた人たち

継之助が江戸に遊学した翌年の嘉永六(一八五三)年、アメリカの東インド艦隊が江戸湾(現東京湾)の浦賀《うらが》沖に侵入します。率いるのは同艦隊司令長官マシュー・ペリーです。黒く塗られた、煙を吐いて進む蒸気船(黒船)が突然現れたわけですから、江戸の庶民は驚きます。しかし、幕府にとっては「突然」ではありませんでした。幕府はアメリカの艦隊が来ることも、艦隊の代表がペリーという人物であることも知っていたのです。

幕府は鎖国を行なっている間も長崎に限り、清とオランダとの貿易を続けていました。その初期には貿易額の制限はありませんでしたが、緊縮政策と金銀の流出を防ぐため、幕府は正徳五(一七一五)年、清との貿易額を年間で銀六〇〇〇貫(=約一〇万両。現在の価値で一〇〇億円)、オランダとの貿易額を銀三〇〇〇貫(五〇億円)としました。寛政二(一七九〇)年には、清を銀二七四〇貫(四六億円)、オランダを銀七〇〇貫(一二億円)にまで減額しています。

天保一五(一八四四)年、オランダ国王ウィレム二世から第一二代将軍・家慶《いえよし》に親書が届きます。その内容は、蒸気船の発達で交易が隆盛しているなか、このまま鎖国を続ければ西欧諸国と摩擦が生じ、アヘン戦争でイギリスに惨敗した清のようになる恐れがある、というものでした。開国勧告です。しかし幕府は翌年、これを謝絶しました。

嘉永五(一八五二)年、幕府に提出された「オランダ風説書《ふうせつがき》」には驚くべきことが書かれていました。オランダ風説書とはオランダ商館長から長崎奉行を通じて提出される、海外事情をまとめた報告書のことです。将軍や一部の幕閣のみが目を通すことができ、非公開が原則でした。

そこにはオランダとイギリスを繋ぐ電信用海底ケーブル、パナマ運河の開発計画などと共に、日本との貿易を望むアメリカの艦隊が日本に向けて出発したことが記されていました。そしてペリーの名前、それぞれの船の大きさや大砲の数、乗船している兵士の人数まで書かれていました。その翌年、そこに書かれた通りにペリーが来航したのです。

ペリーは浦賀沖に留まっていたわけではなく、江戸城に近い品川《しながわ》沖まで来ることもありました。また江戸湾の測量も行なっています。これは国家主権の侵害にあたる行為です。

ペリーは幕府に開国を迫ると、一年後に回答を求めることを述べ、去っていきました。

幕府はペリーの再来航に備え、伊豆《いず》韮山《にらやま》の代官・江川《えがわ》太郎左衛門《たろうざえもん》（英龍《ひでたつ》。反射炉《はんしゃろ》［後述］の築造でも知られる。江川家の当主は代々「太郎左衛門」を世襲した）に、砲台場の築造を命じます。この砲台場が、現在のお台場《だいば》（港区、品川区、江東《こうとう》区にまたがる人工島）です。お台場には当時の石垣が残されており、上部が武者返《むしやがえ》しのように迫《せ》り出しているのが特徴です。これは西洋流の築城技術・はね出し工法の転用で、箱館《はこだて》の五稜郭《ごりようかく》にも用いられています。

築造に際しては伊豆や相模から石材を運び、埋め立ての土砂には品川の御殿山や泉岳寺山などを切り崩しました。多い時は一日に船二〇〇〇艘《そう》、五〇〇〇人が働いたと言われています。幕府はペリーの再来航までに一一基の砲台場をつくる計画でしたが、実際に完成したのは六基でした。ペリーが予定より早く、半年後に現れたからです。それでも、完成していた砲台場により、艦隊は江戸に近づくことができず、横浜に停泊しました。この時つくられた六基の砲台場の総工費は七五万両と言われています。現在の価値にして七五〇億円です。幕府がいかに黒船に脅威を感じていたかがわかります。

砲台場をつくり、黒船を江戸から遠ざけた幕府ですが、いっぽうでアメリカからの使者をもてなすことも考えていました。アメリカ人三〇〇人、幕府役人二〇〇人が参加する饗応接待の場を設けたのです。

五〇〇人分の饗応料理を用意したのは、日本橋の高級料亭・百川《ももかわ》です。幕府は「日本国の威信と面目をかけたものであるから、一流料亭の料理を凌《しの》ぐ料理を出すよう」命じたと言います。百川では通常、もっとも高い料理は一人前二〇〇〇文でした。江戸時代後期の御定相場である一両＝六五〇〇文で計算すると、約三万円です。これを約一〇倍の一人前三両（三〇万円）の料理を用意しました。それが五〇〇人分ですから、一億五〇〇〇万円です。

残されている品書きを見ると、小鯛《こだい》を使ったお吸い物、豚肉を使ったうま煮丼、平目や鯛の刺身、デザートのカステラなど料理約九〇種と菓子三種が出されています。給仕役を務めた日本側の役人の記録には「彼らは甘ったるく重い味のものを好み、淡白《たんぱく》なものは嫌った。士官たちは刺身に手をつけなかった」とあります。

抜擢と挫折

ペリーが来航した嘉永六（一八五三）年、開国か、開国拒否か――。日本全体が二つに割れるなか、長岡藩第一〇代藩主・牧野忠雅《ただまさ》は藩士たちに藩としてどうすべきか、意見を求めます。それに対して、江戸にいた継之助は「脆弱化している藩財政を立て直して蓄えをつくり、兵力を強化して諸外国の圧力にあたるべき」との献言書を提出。これが忠雅に認められ、藩の評定方随役《ひょうじょうがたずいやく》（目付と同格）に就任しました。

こうして長岡に戻ったわけですが、藩政改革を意気込む継之助は、家老や大目付などの重役たちに対して赤字財政を立て直せずにいたことを追及し、反感を買います。やがて孤立した継之助は自ら職を辞するのですが、この時の心境を「一七歳で国を補《たす》けることを天に誓ったが、二九歳でその心が折れようとしている」旨の漢詩に残しています。

その後、砲技の練習などを行なったり、父の隠居に伴って家督を相続したりします。そして安政五（一八五八）年、藩の外様吟味役《とざまぎんみやく》に就任します。しかし、すぐに二度目の江戸遊学に出てしまいます。

継之助は江戸で、一人の男の噂を耳にします。その名は山田方谷《やまだほうこく》、莫大な借金を抱えていた備中《びっちゅう》国（現岡山県西部）の松山《まつやま》藩の財政を立て直した陽明学者です。

方谷は質素倹約の奨励や債務整理を行なうだけでなく、産業振興策に優れた手腕を発揮しました。たとえば、領内で産出する砂鉄を利用して三本爪の鍬をつくると、「備中鍬《びっちゅうぐわ》」と名づけて販売、大ヒット商品となりました。さらに、煙草《たばこ》、和紙、茶、素麺《そうめん》などに「備中」の名を冠してブランド化に成功します。しかも、それらを当時の商慣習だった大坂の問屋を通さずに直接、江戸に持ち込み、それを売る店も藩で用意しました。今で言うアンテナショップです。これらの藩政改革により、備中松山藩の財政は一〇万両（一〇〇億円）の赤字から、七年間で一〇万両の蓄財を築くまでになっています。

これらを知った継之助は、方谷に教えを請うために備中遊学を父に手紙で訴えると、秋紀は五〇両（五〇〇〇万円）を用立てます。

安政六（一八五九）年七月、備中に着いた継之助は方谷の門下となり、経済だけでなく、農民や町民に対する教育の必要性も学びました。さらに九州に足を延ばすと、大砲の鋳造《ちゅうぞう》などを見学し、知見を広げるのです。なお、前述の遊学費五〇両のなかから金四両（四〇万円）を割《さ》いて、方谷の持っていた王陽明《おうようめい》（明《みん》時代に陽明学を創始した儒学者）の全集一〇巻を購入しています。

継之助の先見性

万延《まんえん》元（一八六〇）年四月、継之助は備中遊学を終えて江戸に戻ります。その一カ月ほど前、幕府を揺るがす大事件が起きています。安政七（一八六〇）年三月三日、尊王攘《そんのうじょう》夷《い》派《は》の志士（水戸浪士一七人と薩摩藩士一人）によって、大老《たいろう》・井伊直弼《いいなおすけ》が暗殺された桜《さくら》田門外《だもんがい》の変《へん》です。志士たちは直弼が行なった安政《あんせい》の大獄《たいごく》（吉田松陰《よしだしょういん》や橋本左内《はしもとさない》などが刑死）に憤《いきどお》り、直接行動に出たのです。これにより、幕府の権威は失墜します。

継之助は時代の流れをどのように見ていたのでしょうか。備中から義兄に出した手紙から読み解いてみましょう。

備中にいる継之助には桜田門外の変の報せは届いていませんが、近いうちに「天下の形勢が大変動する」ことを予測しています。そして日本中が攘夷一色だったなかで「攘夷など愚かである」と言い切り、「海防は大事だが、朝廷の隣国との交際はいっそう大事である」から「開国は必然」であり、鎖国を貫こうとする公卿《くぎょう》、薩摩藩、長州藩に対して「浅はかで嘆かわしい」と非難しています。自分たちで何もせずに攘夷を叫ぶのは「臆病者」であり、「外国人にも仁義はあり、富国強兵に努めれば恐れることはない」と述べています。西洋文化への理解も示し、「おいおい外国人を真似て風体が変わることもある。洋風洋式も一〇年後には取り入れることになるのではないか」と記しています。

実際、継之助は江戸に戻る際、旅籠《はたご》の女将《おかみ》に「見ていろ、男の髪はみんな『散切《ざんぎ》り』になる」と言ったという逸話が残っています。明治政府によって散髪令《さんぱつれい》（断髪令《だんぱつれい》）が出されるのは一一年後の明治四（一八七一）年、「ざんぎり頭をたたいてみれば、文明開化の音がする」と言われました。

劇的な財政改善

継之助が備中遊学から戻った頃から、時代の変化は大きく加速していきます。幕府は攘夷を唱える急進派が実権を握っていた長州藩に対し、二度にわたって征討軍を送りますが、失敗します。また、それまで敵対していた薩摩藩と長州藩が手を結びます。いわゆる薩長連合（同盟）です。情勢は、幕府対薩長の構図へとなっていきました。

慶応元（一八六五）年七月、継之助は外様吟味役に再任すると、一〇月には郡奉行《こおりぶぎょう》に就任し、藩政改革に取り組みます。翌年には御番頭格町奉行《ごばんがしらかくまちぶぎょう》を兼務、さらに翌年には御年寄役《おとしよりやく》（中老）になっています。出世の早さから、継之助への期待の大きさがわかります。前述のように、長岡藩の負債は嘉永二（一八四九）年の時点で二三万両（二三〇億円）を超えており、以降も大きく減ることはありませんでした。

継之助はまず、長らく慣習となっていた役人への賄賂を禁止します。郡奉行に就任した継之助のもとにも多くの祝儀が届けられましたが、すべて持ち帰らせています。さらに、代官を呼び出すと、「付け届けをもらうのは代官の手当が低いせいだろう。いくらあれば仕事に専念できるか言ってみよ」と詰め寄り、以後、禁止しました。また、贅沢を禁止する奢侈《しゃし》禁止令を発布します。自宅に庄屋たちを招くと、簡素な食事をふるまいました。質素倹約を見せるためです。賭博を禁止し、遊郭も廃止しました。

いっぽう、増収をはかるべく新田開発を行ない、何度も水害を起こしてきた信濃川《しなのがわ》の治水に取り組んでいます。また、役人と村民が結託して年貢を納めなかった不正を正すこともしました。その結果、長岡藩の石高は五〇〇〇石（五億円）以上増えたと言われています。

経済の活性化にも取り組みました。藩への届け出だけで商売ができるようにしたり、信濃川を通る船に課していた河税《かわぜい》（通行税）を廃止したりしたのです。河税は毎年一〇〇〇両（一億円）程度の収入がありましたが、河税廃止によって流通が活発化して、それを上回る税収を得ています。また、生産物を北前船《きたまえぶね》（北海道や東北などの物資を大坂などに輸送した船）によって京都・大坂に送り込み、多額の利益を上げました。

これらにより藩財政は改善。三年足らずで負債を解消すると、慶応三（一八六七）年には約一〇万両（一〇〇億円）の剰余金ができるまでになりました。継之助の藩政改革への固い意志の裏には、領民への思いがありました。それは継之助が残した、次の揮毫《きごう》からもうかがえます。

「民者国之本　吏者民之雇（領民こそ国のもとであり、官吏は領民に雇われている）」

ここからは、継之助が武士を特権階級・支配階級ではなく公僕《こうぼく》と捉《とら》え、主権在民という民主主義の基本的な考えを持っていたことがわかります。

兵制改革と学制改革

継之助は財政再建によって生まれたお金で、兵制改革に乗り出します。フランス式の兵制を採用すると、兵学所《へいがくしょ》、練兵所《れんぺいじょ》を設置します。兵学所では戦略や戦術の研究を行ない、練兵所では藩士を集めて射撃や行軍の訓練をしました。

武器は洋式銃を導入しています。実は、継之助は備中遊学から戻って以降、開港していた横浜に足繁《あししげ》く通い、商人のファブル・ブラントやスネル兄弟（ジョン・ヘンリー・スネル、エドワード・スネル）らと交際していたのです。万延元（一八六〇）年以降、長岡藩が頻繁に洋式銃を仕入れたことは、群馬県の猿《さる》ヶ京《きょう》関所（現群馬県利根郡みなかみ町）の記録に残っています。

慶応三（一八六七）年一二月、長岡藩は最新式のミニエー銃を全藩士に配備しました。当時、長岡藩士は約一五〇〇人（約一三〇〇人などの説もあり）、ミニエー銃は一挺九両

（九〇万円）ですから、合計で一万三五〇〇両（一三億五〇〇〇万円）になります。

継之助の兵制改革が画期的だったのは、藩士の禄高を平準化し、それまで石高に応じて課されていた軍役を免除・削減したことです。西洋式の軍備を整えたことで、軍役の差がなくなり、大きな禄高を与える必要がなくなったのです。

たとえば、二〇石の藩士の禄高は五〇石に増え、二〇〇〇石の家老の禄高は五〇〇石に減らされました。高禄の藩士にとっては痛手のように思えますが、軍役が大幅に削減されたため、実収入には大きな影響はありませんでした。ちなみに、御年寄役の継之助は、世襲した時の一二〇石のまま据え置いていました。継之助は各藩士に「一〇〇〇石の士といえども、君《くん》に報ずるところは首一つ。一〇〇石の士の君に報ずるところも、また首一つである」と言って、説得したそうです。

継之助は、人材育成を目的とした学制改革にも着手します。これまで藩校の崇徳館で教えていた講義内容を見直すと共に、慶応三（一八六七）年一〇月には、崇徳館に寄宿舎である造士寮《ぞうしりよう》を新設しました。目指したのは学力向上と人格の陶冶《とうや》です。しかし、これらの改革は戊辰《ぼしん》戦争など時代の波に飲まれ、道半ばで潰《つい》えることになりました。

各藩の軍備増強

兵制改革を行なったのは長岡藩だけではありません。多くの藩、特に雄藩では兵制を改め、軍備増強をはかっています。その根底には、対外勢力に対する危機感がありました。外国船来航の増加や、隣国の清がアヘン戦争でイギリスに敗北したことなどから、西欧列強に対抗するには軍事力が必要と考えたのです。それはやがて内戦、つまり他藩や幕府に向けた装備となっていきました。それでは、幕末の日本を動かした雄藩が繰り広げた軍備増強について見ていきましょう。

薩摩藩では、反射炉（大砲を製造するための溶鉱炉）や雷管銃《らいかんじゅう》（起爆剤を点火に用いるため雨天でも発射できる）など、独自の軍備増強を行なっていました。しかし、文久《ぶんきゅう》三（一八六三）年の薩英戦争において、イギリス艦隊の砲撃で城下町などを破壊されたことで、西洋軍備の威力を目の当《ま》たりにすると、それを積極的に導入していきます。

同戦争後、すぐに兵制改革を行ない、エンフィールド銃（前装式ライフル銃）四三〇〇挺を購入します。その後も洋式銃の購入を続け、慶応三（一八六七）年一一月にはヒューズ商会から六八〇〇挺のエンフィールド銃を八五〇〇両（八億五〇〇〇万円）で購入しています。一挺一二両二分、現在の価値で一二五万円です。

薩摩藩はまた、洋式船舶をもっとも多く購入した藩です。その数は蒸気船だけで一六隻におよびます。最初に購入した蒸気船・天佑丸《てんゆうまる》は万延元（一八六〇）年（翌年の説もあり）、一二万八〇〇〇ドルでした。当時は一ドル銀貨一枚＝一分銀《いちぶぎん》三枚のレートでしたから九万六〇〇〇両、現在の価値に直すと九六億円となります。購入するだけでなく、製造も試みています。そして安政元（一八五四）年、日本初の西洋式帆船軍艦・昇平丸《しょうへいまる》の製造に成功します。建造費は三万両（三〇億円）と言われています。

長州藩も、洋式銃と洋式船舶を積極的に購入しています。よく知られているのが、薩長連合のきっかけとなったグラバー商会との取引です。第一次長州征討後で幕府の厳しい監視のなか、薩摩藩名義で銃と軍艦を購入しました。間に入ったのは、坂本龍馬《さかもとりょうま》が率いる亀山社中《かめやましゃちゅう》（海運・貿易事業のほか政治的活動も行なった結社。のちの海援隊《かいえんたい》）です。

その内訳は最新式のミニエー銃四三〇〇挺、中古のゲベール銃三〇〇〇挺、軍艦（蒸気船）ユニオン号です。購入金額はミニエー銃一挺一八両（一八〇万円）、ゲベール銃一挺五両（五〇万円）の合計九万二四〇〇両（九二億四〇〇〇万円）でした。ユニオン号は五万両

（五〇億円）とする史料もあれば、銃との合計で一三万一〇〇両（一三〇億一〇〇〇万円）とする史料もあります。これだと三万七七〇〇両（三七億七〇〇〇万円）になります。ちなみに第二次長州征討の際、ユニオン号の船長として幕府と戦ったのは坂本龍馬です。

龍馬は、土佐藩にも武器を納入しています。慶応三（一八六七）年九月、一〇〇〇挺のライフル銃を船で運んでいます。このライフル銃について、龍馬ら海援隊はオランダ商人ハルトマンと一三〇〇挺を一万八八七五両（一八億八七五〇万円）で購入する契約を交わしています。土佐藩の購入金額は一万九八七五両（一九億八七五〇万円）ですので、海援隊は一〇〇〇両（一億円）の利益を得たことになります。

土佐藩も洋式船舶を購入しています。イギリスのウィルキンソン商会から購入した南海《なんかい》丸《まる》は文久三（一八六三）年に一一万五〇〇〇ドル（八万六二五〇両、現在の価値で八六億二五〇〇万円。以下同）、坂本龍馬が国家体制について述べた「船中八策《せんちゆうはつさく》」を起草したとされる夕顔《ゆうがお》は慶応三（一八六七）年に一五万五〇〇〇ドル（一一万六二五〇両、一一六億二五〇〇万円）でした。購入価格がわからないものもありますが、幕末期に一三隻、合計八〇万ドル（六〇万両、六〇〇億円）以上を費やしたと見られています。

軍備増強において他藩より先んじていたのが、佐賀藩です。鎖国時代に対外貿易の窓口だった長崎の警備を務めていた佐賀藩は、西洋軍備の重要性を逸早《いちはや》く理解していました。特筆すべきは、輸入ではなく製造を目指したことです。

佐賀藩が嘉永三（一八五〇）年に着工した日本初の反射炉・築地《ついじ》反射炉は、当時主流の青銅製ではなく、鉄製の大砲をつくることを目的に建造されました。目指したのは当時、イギリス製のアームストロング砲です。実際に完成したものがアームストロング砲と同等であるかは諸説ありますが、少なくとも、幕末で唯一、鉄製大砲を製造できる藩でした。その製造費は不明ですが、佐賀藩が慶応二（一八六六）年に長崎のオールト商会から購入したアームストロング砲は一門八五〇〇両（八五〇〇万円）でしたから、それを製造しようと思えば、その何倍もの費用がかかったでしょう。

佐賀藩は日本初の蒸気船・凌風丸《りょうふうまる》も完成させています。この建造費も定かではありませんが、佐賀藩が蒸気船の仕組みなどを知るためにオランダから購入した蒸気船・電流丸《でんりゅうまる》は銀二〇〇〇貫（約三万三〇〇〇両、三三億円）でした。佐賀藩は軍備を整えるだけでなく、軍事技術の国産化にこだわり、そのためには研究費を惜《お》しむことはなかったのです。

対外貿易でもっとも売れたもの

雄藩が外国から武器を購入していたことからもわかるように、嘉永七（一八五四）年の開国後（日米和親条約《にちべいわしん》の締結）、外国との貿易は活発に行なわれるようになりました。

対外貿易は安政六（一八五九）年から横浜、長崎、箱館の三港で始まりました。文久三（一八六三）年には輸出額約一一八〇万ドル（八八五万両、八八五〇億円）、輸入額約五七〇万ドル（四二七万五〇〇〇両、四二七五億円）だったものが、二年後の慶応元（一八六五）年には輸出額が約一八五〇万ドル（一三八七万五〇〇〇両、一兆三八七五億円）、輸入額が約一五一〇万ドル（一一三二万五〇〇〇両、一兆一三二五億円）にまで拡大しています。

取引は居留地《きょりゅうち》（外国人の居住・営業を許可した地域）において、外国商人に輸出商品を売り込む売込商《うりこみしょう》と外国商人から輸入品を買い取る引取商《ひきとりしょう》の間で、銀貨を用いて行なわれました。慶応元（一八六五）年では輸出品の約八〇パーセントが生糸、次いで茶、蚕蛾《かいこが》に卵を産みつけさせた蚕卵紙《さんらんし》、海産物などでした。輸入品は、毛織物、綿織物などの繊維製品が七〇パーセントを超え、鉄砲などの軍需品が続きました。

貿易相手国としては圧倒的にイギリスが多く、輸出入とも八〇〜九〇パーセントを占めていました。日本に開国を迫ったアメリカは、全体の一〜二パーセントほどの取引高しかありません。一八六一年に起こった南北戦争により、貿易額が激減したからです。

三港のなかでは、人口一〇〇万人以上を抱える世界最大の都市・江戸に近い横浜港が圧倒的に多く、輸出・輸入共に全体の約九〇パーセントを占めていました。

開国後に問題になったのは、金銀交換比率の差による金の大量流出です。日本では金一対銀五だった比価《ひか》が、外国では金一対銀一五と大きな開きがありました。そのため、外国人は銀貨を大量に日本に持ち込んで日本の金貨を安く手に入れ、その差額で大きな利益を得ようとしました。その結果、短期間で大量の金が海外に流出したのです。

慌《あわ》てた幕府は万延元（一八六〇）年、それまでの天保小判や安政小判に替えて、金の含有量の少ない万延小判を鋳造します。しかし、貨幣の実質的な価値が下がったことで物価が高騰、庶民の暮らしを直撃しました。

ガトリング砲の価格

薩摩藩や長州藩などの討幕派が勢いを増すなか、慶応三（一八六七）年一〇月一四日、第一五代将軍・徳川慶喜はついに政権を朝廷に返上します。いわゆる大政奉還です。ここに、源頼朝以来六〇〇年以上続いてきた武士による政治が終わりを告げました。

しかし、新政府による旧幕府への圧迫は弱まりません。歴代の藩主が幕府の老中を務めることが多かった長岡藩、その第一二代藩主・牧野忠訓《ただくに》と継之助は内戦を避けるために上洛します。そして継之助は新政府に建言書を提出するのです。その趣旨は「諸外国の脅威から国を守るために国内での争いを避け、徳川家を中心とした国家体制に戻すべきである」というものですが、慶喜はこれを事前に目を通して了解していました。

建言書では、「先の外国との戦争を見れば攘夷などできないことは明白である」として西欧列強と争うことになる攘夷を批判し、「はじめ攘夷を訴えていた諸藩も今は外国と和親を結んでいる。『攘夷』と言って世間を騒がせた彼らの責任はどうなるのか。それを顧《かえり》みず、徳川家だけのせいにするのは仁義的にいかがなものか。彼らは『尊王』の名のもとに私利を求めているのではないか」と、新政府に大義がないことを主張したのです。

しかし、この建言書は受け入れられることはなく、慶応四（一八六八）年一月三日、鳥《と》羽《ば》・伏見《ふしみ》の戦いが始まったのです。およそ一年半続く戊辰戦争の始まりです。

江戸へ戻った継之助は、戦争への準備を始めます。まず藩邸を整理して藩伝来の家宝を売り、軍資金を確保します。そのお金を持って横浜へ向かうと、旧知のスネル兄弟から当時、日本に三門しかなかったガトリング砲を二門購入したのです。

ガトリング砲とは多数の銃身を円筒に束《たば》ね、それを回転させながら次々と弾丸を発射する世界最初の機関銃です。一八六一年にアメリカで発明、翌年から製造開始された当時の最新兵器でした。南北戦争でも使用されています。継之助が購入したものは一八六五年製造の最新型のもので、三六〇発の連射が可能でした。これを一門三〇〇〇両（三億円。五〇〇〇両とする史料もある）で購入したのです。

次に継之助は、江戸で大量の米を買い占めます。戦争の気配が漂《ただよ》う江戸の町では米が暴落しており、それを購入すると汽船に積み込み、長岡に戻る途中の箱館で売り払ったのです。さらに、江戸と長岡で銭貨の相場に差があることに目をつけると（江戸が金一両六五〇〇文に対し長岡では同九五〇〇文）、この差額を利用して軍資金を一万両（一〇億円）ほど増やすことに成功します。

こうして戦争への準備を整えた継之助ですが、けっして戦争を望んだわけではありません。そのことがよくわかる逸話があります。江戸から戻った継之助を新潟湊に迎えに来た藩士に対し、継之助は「戦争はしたくないものだ。せめて、もう四、五年戦争せずにすむなら、汽船の二、三隻も買い入れ、この新潟を足溜《あしだ》まりにして家中の次男、三男を商人に仕立てようと思う」と語っています。戦争を避けられるなら避けたかったのです。

三〇分で決した運命

慶応四（一八六八）年三月一四日、江戸城が無血開城すると、新政府軍の標的は会津《あいづ》藩へと移ります。藩主の松平容保《かたもり》は京都守護職《きょうとしゅごしょく》を務め、その間、指揮下にあった新選組《しんせんぐみ》（新撰組）は尊王攘夷派の志士たちを厳しく取り締まりました。そのため佐幕派の中心と見なされ、また恨みも買っていたのです。

三月一五日、北陸方面から進んできた新政府軍は越後国の高田《たかだ》藩（藩主・榊原政敬《さかきばらまさたか》）に入ると、翌日、越後一一藩に恭順を促します。長岡藩には最初は兵士を、次に軍資金三万両（三〇億円）の供出を求めました。これを、継之助は断ります。いっぽうで新政府への対抗姿勢を示す奥羽諸藩にも与しませんでした。武装中立です。

閏四月二六日、継之助は家老上席兼軍事総督に任じられ、藩の全権を託されました。そして五月二日、戦争回避への最後の望みをかけて新政府軍との談判に臨みます。場所は小《お》千谷《ぢや》（現新潟県小千谷市）にある慈眼寺《じげんじ》、継之助は供《とも》一人（二人の説もあり）を連れて乗り込みました。相手は継之助が期待した北陸道鎮撫総督兼会津征討総督《ほくりくどうちんぶそうとくあいづせいとうそうとく》の参謀・山県狂介《やまがたきょうすけ》（有朋《ありとも》。長州藩出身）や黒田了介《くろだりょうすけ》（清隆《きよたか》。薩摩藩出身）ではなく、二三歳の軍監《ぐんかん》・岩村精一郎《いわむらせいいちろう》（高俊《たかとし》。土佐藩出身）でした。

長岡藩侵攻への猶予、および会津藩との仲介を申し出た継之助に対し、岩村はあくまで恭順を促します。継之助が旧幕府軍や会津藩への攻撃を「官軍の名のもとに行なう私的制裁と権力欲ではないか」と問うと、岩村は怒りを露わに「ならば兵馬《へいば》の間に決すべし」と席を立ちました。わずか三〇分で決裂したのです。

実はこの時、山県は柏崎におり、自分が帰るまで継之助を小千谷に留めるよう指示を出していたのです。しかし、その指示が届いた時には継之助は小千谷を去ったあとでした。のちに岩村は、「どこの藩の家老も、家を継いだだけの馬鹿家老が当たり前で、河井もそんな男だと思っていた。河井のことをきちんと知っていれば談判のしようもあったかもしれない」と振り返っています。

新政府軍の長岡藩への侵攻には経済的な目的もあった、との説があります。具体的には、長岡藩内にありながら天領となっている新潟湊を支配下に置くことです。実は、かつて薩摩藩は新潟湊で抜荷《ぬけに》（密貿易）を行なっていました。長岡藩がこの抜荷を見抜くことができなかったために、幕府は天保一四（一八四三）年に上知令を出して、新潟湊を含む新潟町の直接管理に乗り出したのです。実際、上知令は不評のために短日で元に戻されていますが、新潟湊は戻されることはありませんでした。薩摩藩は新潟湊の収益性を知っており、そのため長岡藩への侵攻にこだわったというわけです。

談判決裂後、継之助は幼なじみの川島億次郎に会いに行きます。新政府軍との戦いに反対した億次郎に、継之助は「我を斬り、三万両と共に首を差し出せば戦争は避けられる」と告げます。継之助の決意を知った億次郎は「是非もなし。死生を共にせん」と応じ、継之助を支えることを決めました。長岡藩の運命は決しました。戦争です。

北越戦争

慶応四（一八六八）年五月四日、長岡藩は仙台藩《せんだい》（藩主・伊達慶邦《だてよしくに》）を盟主とする反新政府同盟に加わりました。奥羽越列藩同盟《おううえつれっぱんどうめい》の成立です。

その六日後、北越戦争《ほくえつ》（長岡城の戦い）の火蓋《ひぶた》が切られました。長岡藩一三〇〇人に対し、新政府軍四〇〇〇～五〇〇〇人だったと言われています。緒戦の舞台は、北上してきた新政府軍が占領する榎峠《えのきとうげ》です。継之助率いる同盟軍は主力を集結させると、地形を生かした綿密な計画で見事、勝利を収めました。しかし、長州藩最強と謳われた奇兵隊《きへいたい》が信濃川対岸を北上し、規模が小さく防衛力に劣る長岡城に奇襲攻撃を敢行します。継之助は城門に据えたガトリング砲を自ら操《あやつ》って応戦するも、三方面から迫る敵の攻撃に耐えきれず、二五〇年間守られてきた長岡城は火の海のなか、新政府軍の手に落ちたのです。

その後、継之助たち同盟軍は各地でゲリラ戦をしかけると、新政府軍を足止めします。地力《じりき》に勝《まさ》る新政府軍は援軍を送り込み、七月には三万人を超えました。

約二カ月にわたり、一進一退の攻防が続くなか、継之助は新政府軍の警護が手薄い八丁沖《はっちょうおき》に目をつけます。そこは長岡城の背後に広がる湿地帯で（東西約三キロメートル、南北約五キロメートル)、古くから「魔物が出る」と言われるような場所でした。継之助は少数の部隊で(七〇〇人に満たないと言われる)闇夜に紛《まぎ》れて、この湿地帯を渡り、城下に入る奇襲作戦を計画したのです。

七月二四日昼、継之助は作戦に参加する者全員に金二朱(一万二五〇〇円)を配ります。そのなかには川島億次郎もいました。その金で酒を買い、行軍中の食糧として配られた餅などを食べながら、死を覚悟した酒宴を行なう藩士もいたそうです。継之助は、藩士の一人に「勝った者も、負けた者も、武士という階級は、大勢の者に負けてしまう。見苦しいことをせずと、武士の絶えぬうちに死んだほうがよかろう。潔《いさぎよ》く戦おうではないか」という言葉をかけています。継之助には、武士の世の終わりが見えていたのです。

午後六時半、継之助らが出発。警護が手薄と言っても、新政府軍の篝火《かがりび》のそばを、息を殺しながら泥水を進む過酷な行軍です。「その心苦しさ、言語に絶えたり」という藩士の報告も残されています。そして翌二五日午前二時、ようやく渡り終えた藩士たちは長岡城下に通じる複数の道からいっせいに突撃を開始します。不意を突かれた新政府軍は狼狽《ろうばい》して、逃走。継之助たちは城の奪還に成功したのです。この時、城下では町民が酒樽を出して長岡藩兵を歓迎し、継之助は感激の涙を流して城内に入ったと言われています。

喜びもつかのま、新政府軍は再び城を奪おうと猛攻をしかけてきます。戦いのさなか、銃弾が継之助の左膝に命中、重症を負います。総指揮官の負傷に、藩士たちの士気は一気に衰《おとろ》え、戦況も悪化していきました。さらに新政府軍の援軍が到着して五万人を超える大軍勢となり、長岡城は再び新政府軍の手に落ちるのです。継之助の再入城からわずか四日後のことでした。

戦いに敗れた継之助は、長岡での自決を考えます。しかし、藩士たちに諭《さと》されると、同盟軍のいる会津若松《あいづわかまつ》へ向かいます。担架にのせられた継之助は、難所として知られる八十里越《はちじゅうりごえ》（現新潟県三条《さんじょう》市から福島県南会津《みなみあいづ》郡只見《ただみ》に至る峠道）を越えて会津藩に入りました。この時、継之助が詠んだ句を紹介しましょう。

「八十里　こし抜け武士の　越す峠」

しかし、自らを「腰抜け」と呼んだ継之助が会津若松に到着することはありませんでした。旧幕府の名医・松本良順《まつもとりょうじゅん》の治療を受けたものの、破傷風《はしょうふう》が悪化。八月一六日、亡くなるのです。享年四二。

この時、長岡から継之助のそばについていた外山寅太《とやまとらた》という青年がいました。今際《いまわ》の際《きわ》、継之助は寅太に「これから武士という身分はなくなるから、おまえは商人になれ」と伝え、福沢諭吉《ふくざわゆきち》への推挙状を渡したとされています。この青年こそ、のちにアサヒビールや阪神電鉄の創立にかかわった実業家の外山脩造《しゅうぞう》です。継之助は寅太の才能を見抜いていたのかもしれません。

死してなお

北越戦争によって二五〇〇を超える家屋が焼失するなど、長岡城下は壊滅的な状態に陥ります。そんな長岡の復興に尽力したのが、継之助の幼なじみの川島億次郎と小林虎三郎です。億次郎は継之助と仲が良く、一緒に東北遊学の旅に出たこともありました。いっぽう、虎三郎は継之助と姻戚関係にあり、佐久間象山の門下で「吉田松陰と並ぶ二傑」と言われた逸材でした。継之助とは意見が合わないことも少なくありませんでしたが、互いにその才能は認め合っていました。

長岡藩は戦争の翌年となる明治二（一八六九）年、復興には人材育成が必要と考え、新たに学校をつくろうとします。当然ながら軍資金は残っておらず、しかも石高は新政府に五万石を没収されて二万四〇〇〇石になっていました。そのため、藩士たちは満足に食事も摂れないほど困窮していました。それでも長岡藩は焼け残ったお寺の本堂を仮校舎に藩校を開校すると、その後、本格的な学校建設のために三〇〇〇両（三億円）の予算を計上します。この時の話として残されているのが「米百俵の精神」です。

長岡藩の窮状を知った三根山《みねやま》藩（長岡藩の支藩。藩主は牧野家）から、百俵の米が届きます。喜んだ藩士たちに、虎三郎は「百俵の米も食えばたちまちなくなるが、教育にあてれば明日の一万、百万俵となる」として、学校建設の費用に回したのです。この時に設立されたのが、国漢学校《こっかんがっこう》です。

また、億次郎は国漢学校の流れを汲《く》む長岡洋学校《ながおかようがっこう》（現新潟県立長岡高校）などを創設する際には、落城した長岡城の跡地を売り払い、資金の一部としました。戊辰戦争により継之助の学制改革は半ばで潰えましたが、二人の幼なじみが受け継いでいたのです。

継之助が眠る墓は、長岡市内にある牧野家の菩提寺・栄凉寺《えいりょうじ》にあります。代々の藩主や多くの藩士の墓が並ぶなか、継之助の墓は一番奥に建てられています。よく見ると、小さな墓石にいくつもの傷がついています。長岡に大きな被害をもたらした戦争の責任者として怨嗟《えんさ》の的《まと》となり、石をぶつけられたり、墓石が倒されたりしたからです。ペンキがかけられたこともありました。自分が守ろうとした長岡の人々からの仕打ちに対し、泉下の継之助はどう思っているのでしょうか。

継之助が残した言葉に「天下になくてはならぬ人になるか、あってはならぬ人となれ、沈香《じんこう》もたけ屁《へ》もこけ。牛羊《ぎゆうよう》となって人の血や肉に化してしまうか、豺狼《さいろう》となって人間の血や肉をくらいつくすかどちらかとなれ」があります。

「牛羊となって」以降が解釈しづらいのですが、「天下になくてはならぬ人」＝すごい、「(天下に) あってはならぬ人」＝とんでもない、が対比されていて、「沈香」＝良い香りと「屁」＝悪臭が対《つい》になっている。とすると、「牛羊となって」云々はわが身を犠牲にして他人の血肉になる＝大善《だいぜん》、「豺狼となって」云々は山犬《やまいぬ》や狼《おおかみ》として他人を食い尽くす＝大悪《だいあく》と取るべきです。とすると、己《おのれ》の信念を貫いてやりきれ。それが善か悪かは他者が決めてくれる――と読み解くことができます。継之助は、並々ならぬ覚悟を持ってひたむきに生きるべし、と私たちを励ましてくれているのです。

第六章

勝海舟と明治維新のスポンサー

旗本株の価格

崩壊していく江戸幕府で幕臣として卓越した手腕を発揮し、江戸城を無血開城に導いたのが勝海舟です。明治維新後は海軍卿《かいぐんきょう》や枢密顧問官《すうみつこもんかん》として新政府にも出仕《しゅっし》するなど、常に政治の中心にいました。そんな海舟を通して、幕末から明治にかけてのお金事情を見ていきましょう。

海舟は文政六（一八二三）年、旗本・勝小吉《こきち》（惟寅《これとら》）の長男として江戸の本所亀沢町《ほんじょかめざわちょう》（現墨田区両国）で誕生しました。小吉の役職は小普請組《こぶしんぐみ》、禄高は四一石です。一石＝一両として、現在の価値で四一〇万円になります。小普請組は普段これといった仕事はありませんが、小規模な公共工事などがあった時に人の代わりにお金を納める立場です。

ここで海舟の曽祖父・鋃一《ろういち》について触れておきます。鋃一は越後国長鳥村《ながとり》（現新潟県柏《かしわ》崎《ざき》市）の農民の子として生まれますが、幼い時に視力を失ったために家業に従事できず、一七歳で江戸へ出ます。そして鍼術《しんじゅつ》を身につけると、水戸・徳川家など大名家に出入りするようになり、そこで得たお金を元手に地主となりました。さらに大名貸しも行なうなど財を成します。九人の男子を儲け、末子《ばっし》の平蔵《へいぞう》（忠恕《ただひろ》）に旗本・男谷《おだに》家の株を買い与えたのです。

江戸時代中期以降、旗本や御家人の分限《ぶんげん》を株として売り買いすることがありました。もとは一代限りで相続のできない抱入《かかえいれ》の御家人のみ認められていたのですが、武士が窮するようになると、さまざまな形で旗本株や御家人株が売買されるようになりました。その相場は幕末で、御徒《おかち》が五〇〇両（五〇〇〇万円）、与力《よりき》が一〇〇〇両（一億円）、同心《どうしん》が二〇〇両（二〇〇〇万円）でした。旗本の男谷家の株は三万両（三〇億円）とされています。

男谷家を継いだ平蔵の子の亀松《かめまつ》は、三河以来徳川家に仕えてきた旗本・勝《かつ》家の養子となり、名前を小吉と改めます。海舟の父親です。つまり、海舟は代々の伝統などとは無縁の環境で育ったわけです。

一六歳で家督を継いだ海舟は、二三歳で佐久間象山から西洋兵学と砲術を学びます。実は象山の妻は海舟の妹で、二人は親戚関係にありました。結婚したのは二三歳で、その頃、赤坂田町《あかさかたまち》（現港区赤坂）に引っ越しています。赤坂溜池《あかさかためいけ》（同）に藩邸があった福岡《ふくおか》藩の蘭学者・永井青崖《ながいせいがい》に学ぶためです。すぐに娘も生まれ、父親、病気の母親、妹を抱え、下人《げにん》を雇っていた勝家は貧困を窮《きわ》めました。海舟の自伝『氷川清話《ひかわせいわ》』には、「そのころのおれの貧乏といったら非常なもので、畳といえば破れたのが三枚ばかりしかないし、天井といえばみんな薪《たきぎ》にたいてしまって、板一枚も残っていなかった」と記されています（勝海舟著、勝部真長編『氷川清話 付勝海舟伝』）。

当時のエピソードをお金と共に紹介しましょう。

海舟はある時、買えば六〇両（六〇〇万円）もする蘭和辞書『ドゥーフ・ハルマ』五八巻を借賃一〇両（一〇〇万円）の約束で借り受けます。そして寝る間も惜しんで二部を写本すると、一部は勉強のために手元に置き、もう一部を売ることで借賃を払いました。

また三〇歳の頃、ある藩から大砲三門の発注を受け、製造を鋳物師《いものし》に依頼します。すると、鋳物師は後日、五〇〇両（五〇〇〇万円）の賄賂を持ってきました。当時、監督・指導する蘭学者に賄賂を渡すことが慣例だったからです。鋳物師は大砲の材料である銅の量を減らすことで儲けを生み、その一部を賄賂として渡していたのです。言わば口止め料です。しかし、海舟は次のように言って、お金を突き返したのです。

「この五百両の分だけ圧胴の量を増やしな。それだけ良い大砲を作って、立派な仕事をしてみろ。請負ったこのおれの名前の汚れになるような事は、よしにしてくれ」（前掲書）。

この噂を聞きつけて海舟を抜擢したのが、目付《めつけ》・海防掛《かいぼうがかり》の大久保忠寛《おおくぼただひろ》（一翁《いちおう》）です。

ピンキリだった軍艦の価格

嘉永六（一八五三）年、ペリーが艦隊を率いて来航すると、老中首座・阿部正弘《あべまさひろ》は幕府内外に広く意見を求めました。海舟は「海防意見書」を提出します。その内容は湾岸防備の強化、人材育成および登用、軍艦の保有などでした。ここには、一一年前に佐久間象山が記した「海防八策」の影響が少なからず見られます。

安政二（一八五五）年、海舟は忠寛の推挙により、はじめての役である異国応接掛附《いこくおうせつがかりつき》蘭書翻訳御用《らんしょほんやくごよう》を仰せつかります。同年、長崎への出張を命じられると、長崎の海軍伝習所での通訳と伝習生の監督を務めました。この頃、小普請組から、将軍の護衛を務める小《こ》十人組《じゅうにんぐみ》となり、禄高は一〇〇石（一〇〇〇万円）に上がりました。

江戸に戻った安政六（一八五九）年には、築地《つきじ》にあった軍艦操練所の教授方頭取《きょうじゅかたとうどり》に就任。さらに安政七（一八六〇）年、日米修好通商《にちべいしゅうこうつうしょう》条約批准書の交換のためアメリカへの使節の派遣の際には、咸臨丸《かんりんまる》の実質的な艦長として、日本人初の太平洋横断航海を成功させます。咸臨丸は幕府が安政二（一八五五）年にオランダに発注した蒸気船で、建造費は一〇万ドルでした。当時のレートは一ドル銀貨一枚＝一分銀一枚でしたから、二万五〇〇〇両（二五億円）になります。

帰国後、老中から「アメリカで目についたことはないか」と聞かれた海舟が「アメリカでは政府でも民間でも、およそ人の上に立つ者は皆、その地位相応に利口でございます。この点ばかりはわが国とは反対のように思いまする」と答えたという逸話が残されています。

文久二（一八六二）年、海舟は軍艦奉行並《ぐんかんぶぎょうなみ》に就任します。禄高は一〇〇〇石（一億円）に上がりました。翌年、第一四代将軍・家茂《いえもち》の大坂湾視察を案内すると、海軍操練所の設立許可を取りつけます。そして元治《げんじ》元（一八六四）年五月、神戸《こうべ》に海軍操練所ができると、軍艦奉行に就任しています。禄高はついに二〇〇〇石（二億円）までになりました。四一石から、わずか一〇年で約五〇倍になったわけです。海舟がいかに高く評価されていたかがわかります。

海舟の出世からもわかるように、幕府は海防を重視していました。黒船来航に衝撃を受けた幕府は、すぐに洋式海軍の創設を決定すると、以後、軍艦や輸送船を増やしていきます。幕府にとって最初の西洋式軍艦は安政二（一八五五）年にオランダから寄贈された観《かん》光丸《こうまる》で、主に練習船として海軍伝習所や軍艦操練所で用いられました。その後、海軍創設のためにオランダに発注したのが、前述の咸臨丸と朝陽丸《ちょうようまる》です。朝陽丸の建造費も咸臨丸と同様に一〇〇万ドルでした。

幕府は西洋式軍艦の国産化にも乗り出します。伊豆韮山の代官・江川太郎左衛門（英《ひで》敏《とし》）のもと、安政四（一八五七）年までに「韮山形《にらやまがた》」と呼ばれる小型軍艦を六隻建造したのです。六隻で一七六九両（一億七六九〇万円）ですから、一隻あたり約二九五両（二九五〇万円）になります。小型とはいえ、咸臨丸と比べるとかなり安価です。その大きさから、主に江戸湾内の警備船として使用されました。

慶応二（一八六六）年竣工の開陽丸《かいようまる》はオランダで建造された軍艦で、その建造費は約四〇万ドル。安政六（一八五九）年に変更となった一ドル銀貨一枚＝一分銀三枚のレートで三〇万両（三〇〇億円）になります。この価格は最新鋭であることだけでなく、その大きさにもあります。咸臨丸や朝陽丸の排水量が三〇〇トンであるのに対し、開陽丸は約一〇倍の二八一七トンだったのです。

幕府はオランダ以外にも、イギリス、フランス、ドイツ、アメリカなどからも軍艦や輸送船を買い受け、最盛時には四五隻の艦船を保有していました。

西郷隆盛との出会い

海舟が軍艦奉行に就任して二カ月後の元治元（一八六四）年七月、京都で内乱が勃発しました。京都から追放されていた長州藩の急進派が入京し、薩摩藩や会津藩などの藩兵と交戦した禁門《きんもん》の変《へん》です。これを理由に、幕府は第一次長州征討を実施。対する長州藩は、下関戦争（イギリス、フランス、オランダ、アメリカから成る四国連合艦隊による下関砲撃事件）の敗北後に藩内の実権を握った俗論派（保守派）が正義派（改革派）を弾圧すると、幕府に恭順の意を示しました。

同年九月、大坂にいた海舟のもとに、一人の人物が訪ねてきました。薩摩藩の西郷隆盛です。西郷は、幕府の長州藩への処分や西欧列強への対応を軍艦奉行である海舟に聞きに来たのです。海舟は西郷の前で幕府を痛烈に批判すると、西欧列強に対抗するには、諸藩連合で立ち向かう必要があると説きました。

「実に驚き入り候《そうろう》人物」「ひどく惚《ほ》れ申し候」。これは、会談から五日後、西郷が盟友・大久保利通《おおくぼとしみち》あての手紙に記した海舟の印象です。海舟もまた「天下の大事を負担する者は西郷に違いないと密《ひそ》かに恐れた」と、晩年の回想で述べています。両雄は、はじめて会った日に相手の才覚を感じ取り、互いに認め合っていたのです。

いずれにせよ、西郷はこの会談を機に倒幕を考えるようになったと言われています。

徳川慶喜に詰め寄る

海舟は西郷との会談から二カ月後の元治元（一八六四）年一一月、軍艦奉行を罷免されます。西郷との会談でもそうであったように公然と幕府を批判していたこと、海軍操練所や自らの私塾・海軍塾に坂本龍馬ら脱藩浪士を抱えていたことなどが問題視されたからです。

いっぽう、長州藩では高杉晋作らが下関で決起、正義派（改革派）が実権を握ると、幕府への対抗姿勢を打ち出します。幕府は慶応二（一八六六）年六月、再び征討を行ないます。第二次長州征討です。しかし、同年一月に成立していた薩長連合により圧倒的な武力を手にしていた長州藩に幕府軍は敗北しました。

長州藩に敗れたことで幕府の権威は失墜、政権の維持に限界を感じた第一五代将軍・慶喜は慶応三（一八六七）年一〇月、政権を朝廷に返上します（大政奉還）。しかし、二カ月後、西郷隆盛ら倒幕派は王政復古《おうせいふっこ》の大号令《だいごうれい》により幕府の廃絶を決定、新政府を樹立したのです。幕府側では徹底抗戦の気運が高まりますが、海舟は断固反対します。戦争になれば多くの人々が苦しむだけでなく、内戦に乗じた西欧列強に植民地とされることを危惧《きぐ》したのです。そんな海舟を薩長側に与する者と見る幕閣も多く、海舟は孤立していきました。

一二月、海舟は辞表と共に意見書「憤言一書《ふんげんいっしょ》」を提出します。同書において、海舟は幕府と新政府を共に批判し、「天下の大権は門望と名分に帰せずして必ず正に帰せん。私に帰せずして必ず公に帰せん」と述べています。政治は私利私欲ではなく、公利公益に資するものであるべきというのです。

慶応四（一八六八）年一月三日、幕府軍と新政府軍は京都郊外で衝突しました（鳥羽・伏見の戦い）。翌四日、朝廷は仁和寺宮嘉彰親王《にんなじのみやよしあき》を征討大将軍に任命、錦《にしき》の御旗《みはた》と節刀《せっとう》

(天皇が任命の証として渡す太刀)を授けます。これにより、新政府軍は官軍、幕府軍は賊軍(朝敵)となりました。鳥羽・伏見の戦いに幕府軍が敗北すると、第一五代将軍・慶喜は大坂城を抜け出し、開陽丸に乗って江戸へと逃亡します。幕府軍は置き去りにされました。慶喜が上陸したのは、将軍家の別邸・浜御殿《はまごてん》(現浜離宮恩賜庭園)の「お上がり場」です。当時、浜御殿の一画に軍艦操練所があったからです。なお、お上がり場は現在も同じ場所に残されています。

慶喜が浜御殿に着いた翌日早朝、海舟は呼び出されます。事《こと》の顚末を聞いた海舟は、慶喜や幕閣らに「だから言わんこっちゃない。これからどうなさるおつもりだ」などと詰め寄りました。将軍を前にしての無礼なふるまいにもかかわらず、青菜のように弱り切った面々は何も言い返してこなかったと、のちに海舟は述べています。海舟はその後、海軍奉《かいぐんぶ》行並《ぎょうなみ》に就任後、一週間も経たずに陸軍総裁《りくぐんそうさい》に異動すると、さらに一カ月後には軍事取《ぐんじとり》扱《あつかい》に就任します。ついに、幕府の軍事全権を握る立場になったのです。

いっぽう、鳥羽・伏見の戦いに勝利した新政府軍は旧幕府軍を一掃するため、追撃を決断します。新政府軍を率いる人物こそ、海舟と会談した西郷隆盛です。

明治維新のスポンサー

戊辰戦争では、旧幕府側も新政府側も莫大な戦費を天領や藩収入だけで賄《まかな》ったわけではありません。そこには、スポンサーからの資金援助がありました。この場合のスポンサーとは、豪商や豪農を指します。彼らが資金を提供した理由は単に脅《おど》されただけのものから愛郷心、あるいは今後の商売を見据えたものなど、さまざまです。いくつかの例を紹介しましょう。

京都の警備で名を馳せ、戊辰戦争では各地を転戦した新選組。そんな新選組を支援したのが、酒造業、海運業、金融業などで財を築いた鴻池《こうのいけ》家の第一〇代当主・善右衛門《ぜんえもん》（幸富《ゆきとみ》）。鴻池家の当主は代々「善右衛門」を世襲した）です。文久三（一八六三）年、当時は壬生《みぶ》浪士組《ろうしぐみ》と名乗っていた新選組に二三〇両（二三〇〇万円）を脅し取られたことから、つきあいが始まりました。新選組はこのお金で、揃いの羽織をつくったと言われています（他説あり）。戻ってこないと思っていたこのお金が返済されたこともあり、幸富は新選組を支援するようになります。

元治元（一八六四）年、鴻池家ら大坂の豪商が銀六六〇〇貫（一一〇億円）を用立てた際には、もっとも多くの金額を負担しています。慶応三（一八六七）年にも、金四〇〇〇両（四〇〇〇万円）を貸し出しています。戊辰戦争の終盤、新選組副長の土方歳三《ひじかたとしぞう》が箱館へ渡ったあとも、幸富は支店に指示を出して支援を続けました。幸富は明治維新後、新政府の要請で公職に就くと、第十三国立銀行（のちの三和銀行、現三菱ＵＦＪ銀行）の創設にもかかわっています。そして、鴻池家を旧時代の豪商から近代的な財閥へと転身させ、初代総帥として辣腕《らつわん》をふるいました。

会津藩と共に奥羽越列藩同盟の中心勢力だった庄内藩には、戦前まで「日本最大の地主」と言われた本間《ほんま》家がありました。「本間様にはおよびもせぬが、せめてなりたや殿様に」と謳われた豪農の第六代当主・光美《こうび》は長州征討の際、庄内藩に金一万両（一〇億円）を献じています。戊辰戦争では一〇万両（一〇〇億円）、戦後も庄内藩主・酒井忠宝《さかいただみち》の転封阻止のために五万両（五〇億円）を献金するなど、庄内藩のために尽くしました。

薩摩藩の財政を支えた商人の一人が、海運業を営むヤマキの第八代当主・浜崎太平次《はまさきたへいじ》です。第五代当主の太左衛門《たざえもん》が全国の長者番付に載るなど繁栄を誇ったヤマキでしたが、太平次が当主を継ぐ頃には経営が傾《かたむ》いていました。しかし、調所広郷の藩政改革により、砂糖の運送などを担い、大きな利益を上げます。その繁栄は藩あってのものと考えたのか、太平次はたびたび藩に献金をしています。その多くは寺社の再建、道の整備など公共事業と言えるものでしたが、軍事費も支出しています。具体的には文久二（一八六二）年、藩の銃器購入のために二万両（二〇億円）の献金をしています。

長門《ながと》国（現山口県西部）の荷受問屋・小倉《こくら》屋の白石正一郎《しらいししょういちろう》は、多くの志士を支えたことで知られています。長州藩の高杉晋作らを資金面で援助し、薩摩藩の西郷隆盛とも交流がありました。土佐藩を脱藩した坂本龍馬には拠点を提供しています。正一郎が残した日記からは、四〇〇人を超える志士に衣食住などを提供していたことがわかります。文久三（一八六三）年、晋作が白石邸で奇兵隊を結成すると、正一郎も弟の廉作《れんさく》と共に入隊し、尊王攘夷運動に身を投じました。それらの資金援助により、正一郎は財産を失い、借金まで抱えるようになっています。維新後は赤間《あかま》神宮の宮司となると、市井の人間として静かに亡くなっています。

他にも、多くの商人が資金援助を行なっていますが、それによって発展を遂げた者もいれば、没落した者もいます。戊辰戦争によって彼らの運命も大きく変わったのです。

焦土作戦

鳥羽・伏見の戦いに勝利した新政府軍は、旧幕府軍の一掃を決定します。それを知った海舟は内戦と西欧列強による日本の植民地化を避けるため、徳川慶喜に新政府への恭順を勧めます。海舟の意見を受け入れた慶喜は寛永寺に謹慎すると、恭順の姿勢を示しました。

しかし、新政府軍を率いる西郷はあくまでも武力による旧幕府勢力を一掃する方針を崩さず、慶応四（一八六八）年二月、江戸に向けて進軍を開始します。江戸総攻撃の日は三月一五日に決定しました。

いっぽう、新政府軍との交渉を託された海舟は西郷に書状を送り、会談の約束を取りつけます。開催は、江戸総攻撃の直前である一三日と一四日の二日間となりました。

三月一三日の会談は高輪《たかなわ》（現港区高輪）の薩摩藩邸（下屋敷）で行なわれ、静寛院宮《せいかんいんのみや》（和宮《かずのみや》）の処遇についてのみが話し合われました。和宮は孝明《こうめい》天皇の妹で、公武合体政策により第一四代将軍・家茂に嫁いでいましたが、家茂の死後、仏門に入っていたのです。

会談後、海舟は江戸総攻撃の考えを変えない西郷を外に連れ出します。薩摩藩邸から北へ向かうと、増上寺を抜けて愛宕《あたご》神社に到着しました。愛宕神社のある愛宕山は当時、江戸でもっとも高い場所にあり、家屋が立ち並ぶ様《さま》から海までを一望できたのです。海舟は多くの民が暮らす江戸の町を西郷に見せたかったのでしょう。

このように、海舟は新政府との交渉を行なういっぽう、新政府軍が江戸に入った時には町に火を放つ、焦土作戦の準備もしていました。町火消しの新門辰五郎《しんもんたつごろう》とその子分約三〇〇〇人を使い、一気に火が回るよう複数の場所に火を放つしかけをしていたのです。海舟が残した会計簿「雑記《ざつき》　瓦解以来会計草稿《がかいいらいかいけいそうこう》」には、その予算として二五〇両（二五〇〇万円）が「焼討手当《やきうち》」として記されています。

しかし、この焦土作戦は海舟のブラフで、新政府に総攻撃を中止させることが目的だったとする説もあります。人口一〇〇万人を超えていた世界最大の都市・江戸を失うのは新政府軍にとっても痛手であろうと考えたのです。さらに、新政府の後ろ盾であるイギリスは江戸を主とした貿易で大きな利益を得ており、江戸が壊滅することで大きな不利益を被《こうむ》ります。実際、この作戦はイギリスによる圧力を引き出しました。海舟と西郷が会談したまさにその日、イギリス公使ハリー・パークスからの意見書が西郷に届きます。そこには「徳川慶喜が恭順を示している以上、徳川家に厳罰を科すことは国際法上あり得ない」と記されていたのです。

三月一四日の会談は田町《たまち》（現港区芝）の薩摩藩邸（蔵屋敷《くらやしき》）で行なわれ、江戸無血開城が決定し、翌日の江戸総攻撃も中止されました。四月一一日に江戸城が明け渡されると、西郷ら新政府の代表が入城していきました。その頃、海舟はひたすら江戸の町を走り、治安維持に努めていました。

九月八日、元号が明治に改められ、日本は新たな時代を迎えたのです。

膨大な藩債の行方

西欧列強の圧力に対抗し、近代国家を形成するには、強力な中央集権制度の確立が必須です。しかし、新政府は幕府こそ倒したものの、江戸時代同様、各藩が独自の法律や徴税権を持つ状態に変わりはありませんでした。日本を一つの国にするには「藩」という枠組みを壊す必要があると考えた新政府は、天皇へ版図《はんと》（領地）と戸籍（人民）を返還する版《はん》籍奉還《せきほうかん》を明治二（一八六九）年に、藩を廃して府県を置く廃藩置県《はいはんちけん》を明治四（一八七一）年に実施するのです。

これらには当初、強い反発が予想されましたが、意外にも諸藩からの抵抗はほとんどありませんでした。その背景には、諸藩の財政事情があります。前章で述べたように江戸時代中期以降、多くの藩が財政窮乏に陥っていました。なかには、藩政改革によって財政再建を成し遂げた藩もありましたが、多くの藩が戊辰戦争の戦費や幕末の混乱により財政を悪化させていたのです。明治初期、全国諸藩の藩債の総額は七八一三万円に達していました。これは、当時の国家予算の約二・五倍にあたります。明治時代の一円＝現在の一万円とすると（後述）、七兆八一三〇億円です。

政府は藩の年貢収入を政府収入とする代わりに、藩債務を肩代わりしました。具体的には、天保一四（一八四三）年以前の藩債を棄捐《きえん》（破棄）し、残された三四八七万円（三兆四八七〇億円）は国債を発行することで引き継いだのです。これに対して旧藩主たちはおおむね好感を示し、廃藩置県を待たずに自ら領土を返上する藩も複数ありました。

債務切り捨てによって大きな痛手を被ったのは、藩に対して貸付を行なっていた豪商たちです。たとえば、明治元（一八六八）年一月末に仙台藩に七五万両（七五〇億円）を貸し付けていた日野《ひの》屋の中井《なかい》家は、戊辰戦争の戦費約二〇万両（二〇〇億円）と共に貸し倒れとなり、没落しました。破産に至った豪商も少なくありませんでした。

版籍奉還により、藩主と藩士との主従関係は崩壊しました。さらに、政府は身分制度を改めます。従来の士農工商を廃して四民平等《しみんびょうどう》を謳うと、公家を華族《かぞく》、武士を士族《しぞく》、農民や町民などを平民《へいみん》としたのです。

士族は版籍奉還で俸禄を失いましたが、俸禄の代わりに政府が家禄《かろく》を支給しました。それら家禄と維新の功労者に与えられた賞典禄《しょうてんろく》との総額は、廃藩置県後で約四九〇万石（四九〇〇億円）もありました。そこで政府は明治九（一八七六）年、秩禄《ちつろく》（家禄と賞典禄）を廃して金禄公債《きんろくこうさい》証書を交付します（秩禄処分）。金禄公債の利率は五パーセント、六パーセント、七パーセント、一〇パーセントに分けられ、元金となる金禄高が高いほど低い利率が設定されました。

元金が高いほうに厳しいように感じますが、金禄高一〇〇〇円以上で金利五パーセント（主に華族）の一人あたり平均金禄高は約六万円（六億円）以上、金禄高一〇〇～九九九円で金利六パーセント（主に士族）では同約一六〇〇円（一六〇〇万円）、発行額のもっとも多かった金禄高一〇〜九九円で金利七パーセント（主に下級士族）では同約四〇〇円（四〇〇万円）と大きな開きがありました。

　これを一年の利子収入で見ると、華族は三〇〇〇円（三〇〇〇万円）以上に対し、下級士族は三〇円（三〇万円）に満たない額しか受け取れません。これでは生活を成り立たせるのは難しいでしょう。そのため、多くの士族が生活苦となり、早くから金禄公債を手放したり、事業を始めたりしました。しかし、慣れない商売に多くが失敗します。いわゆる「士族の商法」です。落語の題材にも扱われ、お汁粉屋や鰻屋を営む士族の姿が滑稽《こっけい》に描かれています。

　もちろん、成功例もあります。北海道みやげの定番とも言える木彫りの熊は、旧尾張藩士たちが、移住した北海道で農業に従事できない冬の間の副業として始めたものです。また、静岡に移住した徳川家の旧家臣たちが積極的に茶畑の開墾を行ない、一大産地となりました。これを奨励したのは他ならぬ、海舟です。

郵便は安く、鉄道は高い⁉

政府は欧米諸国の制度や技術、設備などを導入することで、列強に追いつくことを目標としました。そのために行なったのが、殖産興業政策です。明治二（一八六九）年から電信、郵便、鉄道等の制度を整え、富岡《とみおか》製糸場などの官営模範工場を経営するいっぽう、輸入機械の払い下げや助成金などで私企業の育成にも力を入れたのです。これにより、人々の暮らしは大きく変わります。「文明開化」と称された内実を、お金と共に見ていきましょう。

まずは、お金の単位を押さえておきます。明治四（一八七一）年、新貨《しんか》条例が制定されます。それまで藩ごとに藩札が流通していたり、東国と西国で金貨と銀貨の違いがあったりしたものを、金本位制のもと、円《えん》・銭《せん》・厘《りん》に統一したのです。

では、明治時代の一円は現在の価値でいくらになるのでしょうか。大正三（一九一四）年に出版された『米価変動史』には、古墳時代の顕宗《けんぞう》天皇期から大正三年までの米価の変遷がまとめられています。それによれば、明治期は一石がおおむね一〇円前後になっています。本書では米一石＝一〇万円としていますから、これをあてはめると、明治時代の一円は現在の一万円になります。以下、この単位で見ていきます。

電報は明治二（一八六九）年、東京・横浜間から始まりました。当初は、文字が刻印された円盤状の取っ手を回して文字を送信するブレゲ指字《しじ》電信機が使われていましたが、のちに、通信速度の速いモールス信号が採用されました。全国で電報のやりとりができるようになったのは明治八（一八七五）年のこと、東京から大阪までの料金は一〇文字までで二五銭（二五〇〇円）でした。

郵便制度は、政府で駅逓頭《えきていのかみ》を務めていた前島密《まえじまひそか》の立案によって明治四（一八七一）年に始まりました。前島は政府が飛脚に支払う料金が月一五〇〇両（一億五〇〇〇万円）に上ることを知り、郵便の国営を提案したのです。前島は郵便役所を各地に設置し、郵便配達夫を採用して全国に郵便網を張り巡らせました。明治六（一八七三）年には全国一律料金制を実施しています。重量二匁（七・五グラム）までの封書は二銭（二〇〇円）、ただし同一市内はその半額で配達されました。その二年後には郵便役所は郵便局と改称され、現在に至っています。

鉄道が開通したのは明治五（一八七二）年、新橋・横浜間二九キロメートルを五三分で結びました。運賃は上等一円一二銭五厘（一万一二五〇円）、中等七五銭（七五〇〇円）、下等三七銭五厘（三七五〇円）でした。現在、東海道本線の同区間は四七三円（IC利用）ですから、前述の郵便と比べても高く感じます。

日本最初のガス灯が横浜の馬車道《ばしゃみち》に点灯したのは、明治五（一八七二）年のことです。ガス灯は文明開化の象徴と言われ、多くの見物客が訪れました。その二年後、東京の銀座通りに八五基《き》のガス街灯が点灯しました。一本のガス街灯にかかる費用は一カ月三円五五銭五厘（三万五五五〇円）でしたので、庶民の家庭にはなかなか普及しませんでした。

西南戦争の経済的意義

明治四（一八七一）年、幕府が結んだ不平等条約改正の予備交渉などを目的に、使節団（岩倉《いわくら》使節団）が欧米に派遣されます。メンバーには特命全権大使の岩倉具視《ともみ》を筆頭に、大久保利通、木戸孝允《きどたかよし》、伊藤博文《いとうひろぶみ》など政府首脳が名を連《つら》ねています。残された西郷らが留守政府として廃藩置県後のさまざまな整備を行なうなか、二つの汚職事件が発生しました。

一つは、奇兵隊出身の商人・山城屋和助《やましろやわすけ》が同じく奇兵隊出身の陸軍大輔《りくぐんたいふ》（大輔は卿《きょう》に次ぐ地位）・山県有朋を通じて、陸軍省から約六五万円（六五億円）の不正融資を受け、焦げ付かせた山城屋事件です。もう一つは、大蔵大輔《おおくらたいふ》の井上馨《いのうえかおる》が尾去沢《おさりざわ》銅山の私物化をはかった尾去沢鉱山事件です。事件後、山県と井上は辞職しますが、共に短時日で復帰しています。事件の真相は、厳しく追及していた司法卿《しほうきよう》の江藤新平《えとうしんぺい》が佐賀《さが》の乱《らん》を起こして処刑されると、不明のままとなりました。

西郷はこれら汚職事件に対し憤り、また憂えていました。その後、朝鮮への政策をめぐって征韓論《せいかんろん》が起こり、これに敗れた西郷は明治六（一八七三）年一〇月、職を辞すると下野《げや》しました。西郷は鹿児島県に帰郷すると、狩りや散歩を楽しむ自適の生活を送りながら、明治維新の功績により授けられた賞典禄二〇〇〇石（二億円）を投じて、士族の子弟のために私学校《しがつこう》を創設しています。

明治六（一八七三）年に徴兵令《ちようへいれい》が公布され、続いて明治九（一八七六）年の廃刀令《はいとうれい》により武士の象徴であった帯刀《たいとう》が禁じられると、政府に不満を持つ士族たちの反乱が各地で相次ぎます。いずれも政府によって鎮圧されましたが、明治一〇（一八七七）年二月、政府を揺るがす内乱が勃発します。鹿児島の士族が西郷を擁して起こした西南《せいなん》戦争です。二月二二日、西郷は一万三〇〇〇の兵を率いて熊本城の陸軍部隊を攻撃。五〇日間の攻防が続きますが、政府からの援軍が続々と到着すると、西郷軍は各地で敗走していきました。

その頃、海舟は東京で西南戦争に乗じた暴動が起きることを防ぐために奔走していました。海舟は江戸城開城後、徳川宗家の静岡藩への移封と共に静岡に退きましたが、明治二（一八六九）年に外務大丞《がいむだいじょう》（大丞は卿、大輔、少輔《しょう》に続く地位）を命じられます。しかし翌月には辞任。続いて兵部大丞《ひょうぶ》を命じられますが、すぐに辞表を提出しています。その後も、海軍卿や元老院議官《げんろういんぎかん》に就任しますが、西南戦争の前には辞任していました。

海舟は西南戦争の前後、特に静岡県の士族の動きに気を使い、上京してきた彼らに旅費を渡して静岡に帰らせるようなこともしています。しかし、海舟自身は公然と政府を批判し、西郷の勝利を予想したとも言われています。また、窮状を訴える旧知の士族たちにお金を工面していましたが、そのなかには鹿児島県の士族もいたため、西郷軍への資金提供を警察から疑われたこともあったようです。

敗走を重ねた西郷軍は政府軍の包囲網を抜けると九月、城山《しろやま》（現鹿児島県鹿児島市）に籠もります。しかし同月二四日、ついに陥落。西郷は自決しました。西郷軍の敗北は徴兵制による軍隊の威力、そして政府の権力が揺るぎないものであることを示しました。また、初代陸軍大将にて「最後の侍」とも言える西郷の死は、平安中期に起こった武士という存在が一〇〇〇年の時を経て、消え去ったことを意味します。

西南戦争は、その後の日本経済にどのような影響を与えたのでしょうか。ここからは、西南戦争の経済的意義を読み解いていきます。

明治初期、財政基盤が不安定だった政府は、資金の調達を不換《ふかん》紙幣の発行に依拠せざるを得ませんでした。不換紙幣とは正貨《せいか》（主に金貨など額面と同じ価値を持つ貨幣）との交換の義務を負わない紙幣のことで、正貨と交換できる紙幣が兌換《だかん》紙幣です。そのようななかで西南戦争が勃発、大量の戦費が必要となりました。

西南戦争にかかった戦費は約四一五七万円（四一五七億円）で、当時の税収の一年分に匹敵する金額でした。政府はこれを不換紙幣の増発で賄います。また政府にお金を貸した国立銀行も不換銀行券を大量に発行したことから、市中に膨大な紙幣が流通するようになりました。この結果、紙幣価値は銀貨一円＝紙幣一円八〇銭にまで暴落し、紙幣への信用度が大きく揺らいだのです。

そこで、明治一四（一八八一）年に大蔵卿《おおくらきよう》に就任した松方正義《まつかたまさよし》は財政収入から資金を捻出すると、その一部を不換紙幣の償却など紙幣整理にあてます。さらに正貨を買い入れて正貨準備の拡充をはかり、明治一五（一八八二）年に兌換紙幣を発行する日本銀行を設立しました。しかし政府が重税および厳しい緊縮財政を取ったため、深刻な不況が起こり、中小資本家や農民のなかには破産に追い込まれる者が続出しました。他方、一部の大地主や財閥は資本を蓄積し、初期資本家が現れる契機となりました。つまり、資本主義経済の基盤が形成されたわけです。

二人の名誉回復

海舟は晩年、赤坂氷川《あかさかひかわ》神社近くの居宅や洗足池《せんぞくいけ》そばの別邸で多くの時間を過ごしました。海軍卿や枢密顧問官などを歴任し、爵位《しやくい》（伯爵《はくしやく》）まで授けられた海舟のもとには、政府関係者だけでなく旧幕臣らも多く集まり、交流を深めていました。

海舟の収入は俸禄四一石（四一〇万円）から始まりましたが、伯爵を受爵した頃がもっとも多く、三万五〇〇〇円（三億五〇〇〇万円）になっていました。海舟はそれらの収入を困窮した士族の救済にあてるだけでなく、徳川家のためにも使っています。たとえば、寛永寺にある代々の徳川将軍の墓を囲むように積まれている石垣は、海舟が自費を投じたものです。また、朝敵となった徳川慶喜の名誉回復のために政府に働きかけることも行なっています。

もう一人、海舟が名誉回復のために力を尽くしたのが西郷隆盛です。明治一六（一八八三）年、海舟は西南戦争で死去した西郷を偲び、薬妙寺《やくみようじ》境内に自費で西郷の漢詩碑と留魂祠《りゆうこんし》を造立しました。

漢詩碑の表には、西郷が薩摩藩の国父《こくふ》・島津久光《ひさみつ》と対立し、沖永良部島《おきのえらぶじま》に配流《はいる》（島流し）された際に詠んだ「獄中有感《ごくちゆうかんあり》」が彫られています。それは「朝蒙恩遇夕焚坑（朝《あした》に恩遇を蒙《こうむ》り夕《ゆうべ》に焚坑《ふんこう》せらる）」から始まり、「願留魂魄護皇城（願わくは魂魄《こんぱく》を留めて皇城《こうじよう》を護《まも》らん）」で終わっています。この最後の言葉から、留魂祠と名づけられたのです。

その裏には、海舟の文章が彫られています。それは江戸無血開城の功績を称えたうえで、「ああ、君は我をよく知り、而して君を知ること我に若《し》くはなし（君ほど私をよく理解してくれた者はなく、私以上に君を理解しているものはいない）」と記しています。

明治三一（一八九八）年三月、最後の将軍である徳川慶喜は明治天皇への拝謁を果たします。場所はかつて慶喜が朝敵として追われた江戸城、当時の宮城です。明治天皇は人払いをすると、皇后と三人で親しく食事をしたと伝わっています。海舟は日記に「我が苦心三十年すこしく貫く処《ところ》あるか」と記しています。こののち慶喜は公爵《こうしやく》を授けられ、徳川宗家とは別に家を興すことも認められ、名誉を回復するのです。

慶喜が明治天皇と拝謁した年の一二月、上野公園に建てられた西郷隆盛像の除幕式が行なわれました。西郷は九年前の大日本帝国憲法発布に伴う大赦によって名誉回復がなされ、それを機に銅像の建設が計画されたのです。海舟は除幕式に参加すると、それを見届けるように一カ月後、この世を去りました。享年七七。

海舟の墓は洗足池のほとりに建てられています。そして、前述の漢詩碑と留魂碑は海舟の遺言により、海舟の墓の隣地に移転されました。同地には今も多くの人が訪れていますが、江戸の町を壊滅から救い、日本の植民地化を避けた二人の偉業に思いを馳せる縁《よすが》となっています。

参考文献（主要なものに限る）

書籍

安藤英男『河井継之助の生涯』、新人物往来社、一九八七年。

安藤優一郎『江戸の養生所』、PHP新書、二〇〇五年。

石原和昌『良知の人 河井継之助――義に生き義に死なん』、日本経済評論社、一九九三年。

磯貝正義『定本 武田信玄』、新人物往来社、一九七七年。

伊藤智夫『ものと人間の文化史68-I 絹I』、法政大学出版局、一九九二年。

稲川明雄『新潟県人物小伝 小林虎三郎』、新潟日報事業社、二〇一〇年。

稲川明雄『河井継之助のことば』、新潟日報事業社、二〇一〇年。

稲川明雄『決定版 河井継之助』、東洋経済新報社、二〇一二年。

今川徳三『武田信玄 ブレーンと人材の活用――戦国武将の経営戦略』、立風書房、一九九〇年。

巌本善治編、勝部真長校注『新訂 海舟座談』、岩波文庫、一九八三年。

上野晴朗・萩原三雄編『山本勘助のすべて』、新人物往来社、二〇〇六年。

江藤淳責任編集『日本の名著32 勝海舟』、中央公論社、一九八四年。

江藤淳・松浦玲編『海舟語録』、講談社学術文庫、二〇〇四年。

大石慎三郎『享保改革の商業政策』、吉川弘文館、一九九八年。

大石学『徳川吉宗・国家再建に挑んだ将軍』、教育出版、二〇〇一年。

大石学『徳川吉宗――日本社会の文明化を進めた将軍』、山川出版社、二〇一二年。

興津要『江戸川柳散策』、時事通信社、一九八九年。

大野瑞男『江戸幕府財政史論』、吉川弘文館、一九九六年。

小野武雄『江戸物価事典』、展望社、一九七九年。

勝海舟著、勝部真長編『氷川清話 付勝海舟伝』、角川文庫、一九七二年。

神谷大介『幕末の海軍――明治維新への航跡』、吉川弘文館、二〇一八年。

川島祐次『朝鮮人参秘史』、八坂書房、一九九三年。

菊地明・伊東成郎編『戊辰戦争全史 上』、新人物往来社、一九九八年。

木村礎・藤野保・村上直編『藩史大事典 第3巻 中部編Ⅰ 北陸/甲信越』、雄山閣出版、一九八九年。

小泉武夫『幻の料亭・日本橋「百川」――黒船を饗した江戸料理』、新潮社、二〇一六年。

高徳院国宝銅造阿弥陀如来坐像修理工事委員会編『高徳院国宝銅造阿弥陀如来坐像修理工事報告書』、高徳院、一九六一年。

坂井孝一『源氏将軍断絶――なぜ頼朝の血は三代で途絶えたか』、PHP新書、二〇二〇年。

櫻井芳昭『ものと人間の文化史141 駕籠』、法政大学出版局、二〇〇七年。

佐藤眞『薩摩という「ならず者」がいた。──誰も語らなかった明治維新秘史』、ケイアンドケイプレス、二〇二〇年。

柴田光彦・神田正行編『馬琴書翰集成 第四巻 天保六年〜天保八年』、八木書店、二〇〇三年。

柴辻俊六・平山優編『武田勝頼のすべて』、新人物往来社、二〇〇七年。

柴辻俊六編『新編 武田信玄のすべて』、新人物往来社、二〇〇八年。

芝原拓自『世界史のなかの明治維新』、岩波新書、一九七七年。

須藤利一編『ものと人間の文化史1 船』、法政大学出版局、一九六八年。

関幸彦『北条政子──母が嘆きは浅からぬことに候』、ミネルヴァ書房、二〇〇四年。

津本陽・童門冬二『徳川吉宗の人間学──変革期のリーダーシップを語る』、講談社文庫、一九九八年。

谷口眞子『赤穂浪士と吉良邸討入り』、吉川弘文館、二〇一三年。

谷口眞子『赤穂浪士の実像』、吉川弘文館、二〇一九年。

中野等『太閤検地──秀吉が目指した国のかたち』、中央公論新社、二〇一九年。

野島透『山田方谷に学ぶ財政改革──上杉鷹山を上回る財政改革者』、明徳出版社、二〇〇二年。

本郷和人『考える日本史』、河出新書、二〇一八年。

本郷和人『怪しい戦国史』、産経セレクト、二〇一九年。

本郷和人・門井慶喜『日本史を変えた八人の将軍』、祥伝社新書、二〇二〇年。

三田村鳶魚編『未刊随筆百種　第六巻』、中央公論社、一九七七年。

峰岸純夫編『日本中世史の再発見』、吉川弘文館、二〇〇三年。

山本博文『「忠臣蔵」の決算書』、新潮新書、二〇一二年。

山本博文監修『面白くてよくわかる　新版　江戸の暮らし――江戸の町と庶民・武士の生活事情』、日本文芸社、二〇一八年。

吉田豊・佐藤孔亮『古文書で読み解く忠臣蔵』、柏書房、二〇〇一年。

渡辺慶一編『上杉謙信のすべて』、新人物往来社、一九八七年。

記事・論考

新井宏「金属を通して歴史を観る⒃　鎌倉の大仏と宋銭」(『バウンダリー：材料開発ジャーナル』一六巻四号、二〇〇〇年)。

大森徹「明治初期の財政構造改革・累積債務処理とその影響」(『金融研究』二〇巻三号、二〇〇一年)。

坂本賢三「幕末期輸入船とその主機」(『日本船用機関学会誌』一八巻六号、一九八三年)。

笹本正治「治水と博士――戦国時代の普請」(『水文・水資源学会誌』一二巻六号、一九九九年)。

杉山謙二郎「明治の企業家　杉山徳三郎の研究　内輪式蒸気船「先登丸」について――安政末・文久期徳川幕府の造船政策と関連して」(『千葉商大論叢』四〇巻三号、二〇〇二年)。

添田仁「18世紀後期の長崎における抜荷観――唐貿易を中心に」(『海港都市研究』三、二〇〇八年)。

中村隆英「明治維新期財政金融政策展望――松方デフレーション前史」(梅村又次・中村隆英編『松方財政と殖産興業政策』、一九八三年)。

西川裕一「江戸期三貨制度の萌芽――中世から近世への貨幣経済の連続性」(『金融研究』一八巻四号、一九九九年)。

福濱嘉宏「小石川養生所の絵図面を中心とした建築的史料の検討と復元的考察」(『東京大学史紀要』三三、二〇一五年)。

松方冬子「1853(嘉永6)年の別段風説書蘭文テキスト」(『東京大学史料編纂所研究紀要』一八、二〇〇八年)。

三鬼清一郎「陣立書の成立をめぐって」(『名古屋大学文学部研究論集』一一三、一九九二年)。

湯本軍一「戦国大名武田氏の貫高制と軍役」(『法政史学』二九、一九七七年)。

ウェブサイト

河井継之助記念館　https://tsuginosuke.net/
国立公文書館　https://www.archives.go.jp/
国立歴史民俗博物館　https://www.rekihaku.ac.jp/index.html

参考文献

材木座書房「お江戸のベストセラー」　https://zaimokuza-shobo.jp/oedo/
東京大学史料編纂所　https://www.hi.u-tokyo.ac.jp/
山梨県立博物館　http://www.museum.pref.yamanashi.jp/index.html

編集協力	龍田 力
本文デザイン	盛川和洋
本文DTP	キャップス
図表作成	篠 宏行

BSフジ「この歴史、おいくら？」

放映／2019年1月4日、8月31日、9月7日、2020年1月4日、10月24日、2021年1月2日、10月30日、2022年1月1日

編成／佐藤匠真（BSフジ）

プロデューサー／柴田多美子（NEXTEP）

ディレクター／三浦友広（NEXTEP）、加藤重毅（メディアジャパン）

リサーチャー／田上歳三

制作著作／BSフジ

切りとり線

★読者のみなさまにお願い

この本をお読みになって、どんな感想をお持ちでしょうか。祥伝社のホームページから書評をお送りいただけたら、ありがたく存じます。今後の企画の参考にさせていただきます。また、次ページの原稿用紙を切り取り、左記まで郵送していただいても結構です。

お寄せいただいた書評は、ご了解のうえ新聞・雑誌などを通じて紹介させていただくこともあります。採用の場合は、特製図書カードを差しあげます。

なお、ご記入いただいたお名前、ご住所、ご連絡先等は、書評紹介の事前了解、謝礼のお届け以外の目的で利用することはありません。また、それらの情報を6カ月を越えて保管することもありません。

〒101-8701（お手紙は郵便番号だけで届きます）
祥伝社　新書編集部
電話03（3265）2310
祥伝社ブックレビュー　www.shodensha.co.jp/bookreview

★本書の購買動機（媒体名、あるいは○をつけてください）

＿＿＿＿新聞の広告を見て	＿＿＿＿誌の広告を見て	＿＿＿＿の書評を見て	＿＿＿＿の Web を見て	書店で見かけて	知人のすすめで

★100字書評……「お金」で読む日本史

名前

住所

年齢

職業

本郷和人　ほんごう・かずと

東京大学史料編纂所教授、博士（文学）。1960年、東京都生まれ。1983年、東京大学文学部卒業。1988年、同大学院人文科学研究科博士課程単位取得退学。同年、東京大学史料編纂所に入所、『大日本史料』第5編の編纂にあたる。東京大学大学院情報学環准教授を経て、現職。専門は中世政治史。著書に『中世朝廷訴訟の研究』『壬申の乱と関ヶ原の戦い』『乱と変の日本史』『日本史を疑え』などがある。

BSフジ「この歴史、おいくら？」制作班

日本史にまつわるお金事情を繙く番組「この歴史、おいくら？」の制作チーム。テーマごとに歴史的事象を掘り下げ、現在の貨幣価値に換算するリサーチには定評がある。

「お金《かね》」で読《よ》む日本史《にほんし》

本郷和人《ほんごうかずと》／監修　**BSフジ「この歴史《れきし》、おいくら？」制作班《せいさくはん》**／編

2022年7月10日　初版第1刷発行

発行者……………辻 浩明
発行所……………祥伝社しょうでんしゃ
〒101-8701　東京都千代田区神田神保町3-3
電話　03(3265)2081(販売部)
電話　03(3265)2310(編集部)
電話　03(3265)3622(業務部)
ホームページ　www.shodensha.co.jp

装丁者……………盛川和洋
印刷所……………萩原印刷
製本所……………ナショナル製本

Printed in Japan　ISBN978-4-396-11658-3　C0221